« RÉPONSES »

Collection dirigée par Joëlle de Gravelaine

ARNO GRUEN

LA TRAHISON DU MOI

Avant-propos d'Ashley Montagu

Préface de Gaetano Benedetti

Traduit de l'américain par André Muller

ROBERT LAFFONT

Titre original : DER VERRAT AM SELBST

(D'après la traduction révisée par Grove Press, New York)

ISBN 2-221-06579-4
(Édition originale :
ISBN 3-423-15016-5, Munich)

AVANT-PROPOS

Dès sa naissance, l'homme se trouvera en danger, car tout ce qu'il sera amené à connaître et à faire *en tant qu'être humain* il devra l'apprendre des autres. Étant le plus impressionnable, flexible et malléable de toutes les créatures, il sera particulièrement réceptif à l'éducation. Aussi apprendra-t-il davantage de choses sensées, mais également ineptes, que tout autre être vivant. Ce qui en résulte n'est pas l'intelligence mais la confusion. Nos agents de socialisation, parents et enseignants de toute sorte, s'attachent à perpétuer les erreurs que leurs propres éducateurs leur ont inculquées. Les percevant comme des vérités éternelles, liées au développement et à la discipline des enfants, ils commettent, avec des intentions plus ou moins louables, les pires atrocités à l'égard de leurs victimes. L'atrocité consiste dans le fait d'infliger à l'enfant un processus déformant appelé « éducation » ou « élever l'enfant », qui, en fait, n'utilise pas ses aptitudes à réaliser ce qu'il y a d'unique en lui. Le même processus étouffe ses besoins comportementaux de base : le besoin d'amour, d'amitié, l'imagination, la curiosité, le besoin de chanter, de danser, d'explorer, d'expérimenter, l'ouverture d'esprit, le besoin d'apprendre, de travailler, de jouer, de penser, de parler et bien d'autres. Ce sont là des potentialités que l'enfant s'efforce d'actualiser en s'appuyant sur les encouragements et l'amour de ceux qui prennent soin de lui. Il ne s'agit plus ici d'une théorie, mais d'un fait maintes fois vérifié *.

Dans un monde créé par les adultes, l'enfant est traité comme un intrus, comme un étranger. Il doit se conformer aux exigences de ceux qui le socialisent et non pas à son propre système de valeurs découlant de ses besoins et penchants fondamentaux qui, pour s'épanouir, exigent des encouragements affectueux. La réponse que l'enfant reçoit d'habitude est plutôt décevante. Les « socialisateurs » imposent leur propre moi aux dispositions, aux potentialités, aux besoins comportementaux de base, qui constituent les fondations du moi spécifique de l'enfant. Il en résulte que ce que nous appelons son moi est un artefact, un moi artificiel que les adultes lui ont fabriqué, et qu'il porte comme un vêtement mal ajusté et inconfortable. Nous avons tous souffert plus ou moins d'une telle expérience; certains en ont souffert plus que d'autres, parfois jusqu'à leur destruction morale et physique. Dans le monde occidental, tout au moins, nous n'acquérons pas notre véritable moi, nous n'apprenons pas à devenir nous-mêmes, mais un mélange du « moi » d'autres gens, des « moi » faux et inauthentiques. Ainsi déformés, nous traversons la vie en essayant de jouer le rôle qu'on attend de nous. Cela peut être très éprouvant. Comme E.M. Foster l'a noté dans *Chambre avec vue :* « La vie, a dit un de mes amis, est un concert de violon que tu dois exécuter avec un instru-

---

* Je l'ai mis en évidence dans mon livre *Élever les jeunes*, (1983).

ment dont tu apprends à jouer pendant ce concert même. » Peu d'entre nous y réussissent et le bruit qui en résulte est plutôt navrant. C'est le bruit que l'enfant apprend : fausses notes, mots dévoyés, suscitant le désordre et le manque d'autonomie. Et c'est ainsi que l'enfant vivant dans un monde qu'il n'a pas fait, dans une société malade, impuissant et sans défense, régenté par des êtres autoritaires, en arrive à éprouver à l'égard des adultes les sentiments que les habitants d'un pays conquis éprouvent à l'égard des occupants. Ce sont des sentiments dont l'adulte a beaucoup de mal à se défaire, ceux-là mêmes qu'on rencontre au début de la plupart des situations thérapeutiques. Ainsi, nous continuons à vivre de par la volonté des occupants et non pas de par notre propre volonté.

Je ne connais aucun ouvrage qui rende ces choses aussi merveilleusement claires que celui de Gruen. Il s'agit de l'un de ces ouvrages majeurs qui marquent l'étude de la nature humaine et les conséquences qu'entraîne pour l'homme l'environnement grandement compromis du monde occidental. L'auteur expose ses conclusions d'une manière parfaitement lumineuse. Elles sont fondées sur des années d'expérience avec les patients et ont été forgées sur l'enclume de l'enseignement. Ce que Gruen expose est complexe et d'une importance capitale. Il le fait avec cette merveilleuse simplicité qu'atteignent seulement les écrivains capables d'une grande compréhension et d'une profonde empathie. Il ouvre ainsi à notre connaissance un territoire de l'expérience humaine que d'autres chercheurs ont déjà approché, mais que personne avant Gruen n'a exploré d'une manière aussi efficace et aussi éclairante. Cette exploration excitera le lecteur et lui permettra de percevoir, de traverser et de comprendre ce monde nouveau que Gruen a découvert.

J'ai admiré sans réserve les vues étonnantes de l'auteur sur ce que nous appelons d'une manière ambiguë la nature humaine, et la pénétration et l'habileté avec lesquelles il les a reliées à notre vie quotidienne. Tout cela dans une langue à la fois remarquable et accessible.

Gruen a la phrase juste et l'aphorisme percutant. *La Trahison du moi* est l'un de ces livres rares dont on peut dire qu'il est aussi original qu'intéressant, aussi profond que lisible. Je le recommande au plus haut point. C'est un livre que je lirai et relirai pour le pur plaisir qu'il procure de par son rare mélange de sagesse et de perspicacité sur les causes et les effets de la confusion dans laquelle nous nous débattons. Sur les moyens aussi qu'il suggère afin de nous faire sortir de ce bourbier de découragement dans lequel nous sommes tombés.

Ashley MONTAGU

PRÉFACE

Les racines du mal, de la négativité, de la psychopathologie sont multiples. L'auteur de cet ouvrage, un psychothérapeute disposant d'une large expérience, les examine d'un point de vue hautement significatif : le blocage de l'autonomie dans le processus de socialisation.

« Le type d'intégration personnelle que nous atteignons, lisons-nous à la première page de l'introduction de l'auteur, est une conséquence des possibilités que nous avons de développer l'autonomie dans les diverses situations de notre vie. Ainsi, un développement faussé de notre autonomie est-il la cause principale de l'existence d'éléments pathologiques et finalement mauvais dans les êtres humains. »

L'utilisation du terme « autonomie » remonte, notoirement, à Erik Erikson dans la pensée duquel elle représente – assez correctement – une seule, bien que fort importante, dimension de la croissance psychologique. C'est sur elle que repose la « confiance de base ».

Toutefois, nous avons besoin aujourd'hui d'une investigation sur les formes « perverses » que peut prendre le développement d'un individu lorsque la croissance psychologique est entravée. C'est dans ce domaine qu'Arno Gruen apporte une contribution décisive, en cernant comme il le fait le spectre tout entier des manifestations depuis celles, pathologiques, qui relèvent *stricto sensu* de la psychiatrie, jusqu'aux manifestations psychosociales déviantes mais qui ne sortent pas du cadre de la normalité (ce que l'auteur appelle « la folie de la santé mentale »).

Le présent ouvrage est le fruit de la longue carrière de l'auteur en tant que psychothérapeute, carrière que j'ai pu suivre, pendant un certain nombre d'années, à travers toute une série d'articles. Ses idées maîtresses s'accordent avec les aspects essentiels de la psychothérapie telle que je la pratique moi-même sur les psychotiques – et, en fait, c'est précisément le traitement de ses patients psychotiques qui a conduit Gruen à bon nombre de ses découvertes.

Je suis en particulier d'accord avec lui lorsqu'il affirme que la psychopathologie inclut non seulement la perte de l'autonomie en tant que dimension fondamentale de l'existence humaine, mais aussi une forme d'autonomie anormale et entachée de souffrance. Car un besoin profond non satisfait pendant le processus de socialisation de l'enfance peut « plonger dans la clandestinité » (Gruen). Il risque alors de prendre chez nos patients la forme, par exemple, d'une hallucination psychotique. Celle-ci symbolise alors le fait que la « réalité sociale » n'a pas permis la satisfaction de leurs désirs et de leurs tendances, autrement dit le plein déploiement de leur « ego ».

Parfois, néanmoins, la souffrance psychotique ne s'installe pas et les gens s'adaptent au « pouvoir » qui étouffe toute créativité et autonomie. De telles situations nous permettent d'observer une perversion fondamentale : les individus adaptables s'épanouissent biopsychologiquement aux dépens des autres, dont ils écrasent totalement les besoins psychologiques, l'identité et la capacité créatrice.

Lorsque la souffrance de nos patients se manifeste, elle ne nous frappe pas seulement comme un signe négatif, comme une simple « trahison du moi » (bien qu'elle le soit aussi) de l'individu ou de son environnement social. Nous y trouvons aussi une tentative désespérée de ceux qui ont été trahis, ou qui ont coopéré à cette trahison, d'affirmer leur désir d'autonomie non accompli, pas même perçu consciemment, sous une forme immature et perverse à caractère pathologique – voire à le « crier sur les toits ». Car un tel désir doit être proclamé d'une façon ou d'une autre, les pulsions humaines fondamentales ne pouvant jamais être complètement annihilées.

Notre approche signifie que, dans tous les cas où l'autonomie de nos patients a été contrainte de s'exprimer d'une manière pathologique, nous avons appris à considérer les symptômes et les signes négatifs comme les symboles de désirs humains essentiels contrariés, mais parfaitement perceptibles. En effet, il est impossible de *ne pas* percevoir ce que nos patients expriment sous la forme, commune à toutes les psychopathologies, d'une négation de la norme. Dès lors que nous avons saisi leurs messages en tant que psychothérapeutes mais aussi en tant que frères en humanité, nous réservons au symptôme un « accueil » (Siirala) qui peut induire un changement. Nous rendons nos patients conscients de leur perte d'autonomie et cela les rend aptes à reconnaître la tragédie existentielle qu'elle implique. Assumant un rôle de miroir, nous renvoyons à nos patients qui souffrent une image empreinte de sympathie dans laquelle ils peuvent se retrouver. Les espoirs que nous nourrissons à leur égard renaissent en eux aussi. « C'est l'empathie et l'amour qui rendent possible le déploiement du véritable moi » (Gruen).

Ces concepts et d'autres du même genre situent le livre d'Arno Gruen au cœur de la situation spirituelle de l'homme et de la femme modernes, et aussi, indubitablement, au centre des écrits contemporains sur la psychothérapie. Ce n'est pas le seul fait du hasard si la question de l'autonomie est discutée aujourd'hui dans des domaines fort différents – celui de l'émancipation politique comme celui de la psychothérapie. Songez, pour n'en prendre qu'un exemple, que même l'hypnose, cette forme d'une psychiatrie déjà ancienne, qui semblait diamétralement opposée à tout effort pour acquérir l'autonomie (les suggestions thérapeutiques sont imposées à des patients passifs), a subi, depuis Milton Erikson, une véritable révolution : elle est maintenant appréhendée comme une situation permettant un apprentissage nouveau, autonome et créateur. Dès lors, même la transe hypnotique est devenue un lieu où l'on peut développer des potentialités et des aptitudes psychiques.

Le livre d'Arno Gruen – tout comme à ce point de vue les ouvrages d'Erich Fromm * – transcende lar-

---

* Cf. Erich Fromm :

La passion de détruire, éd. Robert Laffont, coll. « Réponses », 1975.

Avoir ou être, éd. Robert Laffont, coll. « Réponses », 1978.

Grandeurs et limites de la pensée freudienne, éd. Robert Laffont, coll. « Réponses », 1980.

De la désobéissance, éd. Robert Laffont, coll. « Réponses », 1983.

gement les limites de la psychiatrie; il traite de la condition humaine dans la société contemporaine et décrit aussi la psychopathologie qui se cache derrière le « masque de la santé mentale ». Il dénonce la trahison du moi qui provoque la chute d'individus et de groupes tout entiers. « A moins d'avoir eu la chance de nous révolter, nous dit l'auteur, c'est notre destin de vivre d'une manière absurde, faute d'avoir jamais connu un moi qui nous soit vraiment propre. »

Gaetano BENEDETTI

INTRODUCTION

Cet ouvrage présente au lecteur une théorie sur l'autonomie. Cette théorie soutient que l'autonomie ne résulte pas des *idées* qu'on peut avoir sur sa propre importance, ni du besoin d'indépendance, mais de la capacité d'éprouver librement ses propres perceptions, sentiments et besoins. Ce genre d'expérience détermine l'unité ou la fracture du développement de la personnalité.

Le type d'intégration personnelle auquel nous accédons – ou son absence – dépend des possibilités que nous offre la vie de développer notre autonomie. C'est un développement faussé qui est la cause première des éléments pathologiques, et finalement mauvais, présents dans l'homme.

La lutte pour l'autonomie exalte nos forces vitales. Mais lorsque le processus de socialisation bloque l'autonomie, ce processus engendre le mal qu'il est censé prévenir. Si l'amour parental est si aberrant qu'il a besoin d'une auto-affirmation à travers la soumission et la dépendance de l'enfant, l'adaptation sociale se mue en un test d'obéissance, et les efforts de l'enfant pour s'y conformer entraînent la perte des sentiments authentiques. L'être humain devient alors la véritable source du mal. Mais notre nature est assez paradoxale pour que l'incapacité d'acquérir l'autonomie puisse favoriser aussi son contraire. Car l'autonomie peut plonger dans la « clandestinité » et se cacher derrière la soumission et la docilité, derrière la reddition du moi à la volonté des autres. Ce fait permet d'espérer.

Dans le premier chapitre je décris la nature de l'autonomie; dans le second je tente de montrer comment notre penchant pour l'abstraction masque et étouffe la tendance naturelle vers l'autonomie; dans le troisième je m'efforce de démontrer que cette tendance est au cœur même des besoins du mâle d'opprimer les femmes, mais aussi de sa propre déshumanisation. Le quatrième chapitre montre comment tout cela réduit la capacité des êtres d'accéder à leur propre passé, les faisant réagir de plus en plus aux seules stimulations extérieures, ce qui les rend dépendants de ces stimulations et semblables à des robots. Dans le cinquième chapitre j'examine comment l'absence d'autonomie engendre la « pathologie » psychologique et en même temps nous aveugle à l'égard de la folie que constitue la lutte pour le pouvoir. Enfin le sixième chapitre montre comment nous convertissons la morale en concepts, tout en considérant le mal comme inhérent à la nature humaine. Ces distorsions encouragent la fuite dans « l'image » et les pseudo-sentiments, conduisent à l'absence d'un moi autonome et produisent ainsi des hommes qui détruisent la vie.

Ce livre a été écrit dans l'espoir de renforcer la résolution de ceux qui, dans un monde de conformisme et de compromis, ont gardé les yeux ouverts, et pensent qu'un monde plus humain est possible. Je souhaite surtout contribuer à ce que la sphère de la sensibilité – par contraste avec la pensée et l'intelligence, aujourd'hui détachées des sentiments – retrouve sa juste place dans notre culture dominée par la science.

Le présent ouvrage est fondé sur une expérience de trente-cinq années dans le domaine de la psychothérapie. C'est pourquoi je voudrais remercier les gens qui ont participé et qui participent toujours à cette expérience : mes patients et mes étudiants vivant en Europe ou aux États-Unis; mes professeurs et amis, tout spécialement Gustav Bychowski, Thomas N. Jenkins, Theodore C. Schneirla et Henry Miller. L'authenticité et la vitalité de ces derniers, tout comme l'acuité et l'originalité de la pensée de Schneirla, ont été particulièrement importantes pour la maturation de l'homme que je suis. J'ai appris également beaucoup de l'esprit militant et affectueux de mes deux filles, Margaret et Constance.

Ce livre n'aurait pas pu être écrit sans l'aide créatrice positive et critique de Ruth Schmidhauser, ma compagne. C'est pourquoi je le lui dédie.

J'aimerais exprimer mes remerciements les plus sincères à Claus D. Eck, Claudia M. von Monbart et Franz Wurm pour leur aide dans la mise au point stylistique de mon manuscrit. J'ai bénéficié, lors de la première édition de mon ouvrage, de l'assistance de Ruth von Blarer. La perception intuitive de mes intentions et sa sensibilité aux besoins du lecteur ont transformé notre collaboration en une expérience stimulante. Je lui en sais profondément gré. Pour la supervision rédactionnelle de mon ouvrage, lors de sa parution en livre de poche, je dois beaucoup à mon éditrice Ulrike Buergel-Goodwin. Les pages qui vont suivre sont devenues plus claires grâce à ses efforts.

Arno GRUEN
Ticino, 1985

I

AUTONOMIE ET ADAPTATION
La contradiction fondamentale
dans le développement du moi

Le problème de l'autonomie : apprendre à éprouver la vacuité

Le développement humain peut emprunter deux voies : celle de *l'amour* et celle du *pouvoir.* La vraie voie du pouvoir, qui se trouve au centre de la plupart des cultures, conduit à un moi qui reflète l'idéologie de la domination. Ce moi fragmenté et divisé rejette la souffrance et l'impuissance comme des signes de faiblesse et préconise le pouvoir et le contrôle des autres comme moyens de les combattre. Ce succès, tel qu'il a cours dans notre monde, ne peut être atteint que par un moi de cette nature. Ainsi que je me propose de le montrer, cette situation constitue l'antithèse de l'autonomie.

L'autonomie est un état d'intégration dans lequel quelqu'un vit en pleine harmonie avec ses sentiments et ses besoins. Nous pensons généralement que l'autonomie est quelque chose d'autre, quelque chose qui se réfère à l'affirmation de sa propre importance et indépendance. Cela s'applique en particulier à cette sorte de moi qui, consciemment ou inconsciemment, se conforme à l'idéologie de la domination. Pour cette raison, ce qui est décrit communément comme étant l'autonomie rejoint une notion du moi constituée d'abstractions. Bien que capable de se révolter, un tel moi est essentiellement le reflet des contraintes, des distorsions et de l'égoïsme que les parents, l'école et la société nous ont imposés.

L'autonomie est alors identifiée à la « liberté » d'avoir à nous prouver et à prouver aux autres combien nous sommes forts et supérieurs. Peu importe qu'une telle « preuve » s'accorde aux normes existantes ou les conteste. Ce qui compte c'est que nous puissions toujours nous imposer; cela conduit à un état de guerre – un état fort éloigné de celui dans lequel nous pourrions affirmer la vie. En revanche, avoir accès à des émotions qui affirment la vie, ressentir la joie, la tristesse, la douleur, bref, ressentir qu'on est véritablement vivant est essentiel pour le développement de l'autonomie telle que je la conçois.

L'histoire de notre culture a presque toujours évité, rejeté, supprimé ces sentiments et les besoins qu'ils font naître. L'oppression des femmes peut être considérée comme un phénomène historique parallèle. Selon les codes de la société, la sensibilité des femmes à la tristesse et à la douleur qui sous-tend leur vitalité authentique doit être combattue tant en elles-mêmes que dans les hommes qui leur ressemblent. Résultat : les hommes, bien plus que les femmes opprimées, sont frustrés de leur humanité.

L'autonomie présuppose un moi qui perçoit ses propres sentiments et besoins. Comme, dans le cas d'un développement défectueux de l'autonomie, les sentiments et les besoins peuvent exprimer l'idéologie de la domination plutôt qu'une intégration interne, nous devons admettre que les besoins et les sentiments ne peuvent pas, en tant que tels, être identifiés à l'autonomie. Il est important d'analyser en détail comment se développe l'autonomie.

On peut dire que nous nous reconnaissons dans le miroir que constituent les yeux de notre mère. Le dramaturge allemand Friedrich Hebbel a exprimé cela d'une manière poétique :

> C'est dans tes yeux étrangement
> Que je me suis vu naître.

Cela veut dire que la conscience de la mère et l'image qu'elle a d'elle-même sont les facteurs déterminants dans le développement de notre moi.

Dans la mesure où elle ne dispose pas d'une autonomie adéquate en ce qui la concerne, son estime d'elle-même sera fondée sur des sentiments et des besoins fort éloignés d'un état véritablement autonome. Par voie de conséquence, la manière dont elle regarde son enfant et aussi la manière dont l'enfant se verra plus tard dans les yeux de sa mère vont refléter nécessairement ces limitations. C'est dans ce processus que nous trouvons aussi les origines de ces formes de haine et de rage qui, dans notre monde, passent pour être de l'amour et du sacrifice de soi.

Nous en trouvons un exemple frappant dans le *Continuum Concept* (1985) [1] de Jean Liedloff : l'auteur décrit la situation d'un enfant qui a été ramené récemment de la maternité à la maison des parents. Sa mère l'aime « avec une tendresse qu'elle n'a jamais connue auparavant. Au début, elle a du mal à le coucher après l'avoir nourri, d'autant plus qu'il crie désespérément quand elle le fait. Mais elle est persuadée qu'elle *doit* le faire, car sa mère lui a dit (et *elle* doit savoir) que si elle lui cède maintenant, il deviendra un enfant gâté et lui donnera des soucis plus tard... Elle hésite, son cœur la pousse vers lui, mais elle résiste et vaque à ses affaires. Il vient d'être changé et nourri. Elle est persuadée qu'il n'a pas *vraiment* besoin de quoi que ce soit; dès lors elle le laisse pleurer jusqu'à épuisement » (pp. 62-63).

Voilà une mère qui ne reconnaît pas le besoin profond de l'enfant d'avoir un contact physique, d'être touché, et qui, de ce fait, ne réagit pas d'une manière appropriée. Cela parce que, lors de son propre développement, le même besoin a été étouffé. De ce fait, une telle mère n'est capable d'accéder ni à sa propre autonomie, ni à celle de son enfant. Quelque chose de non exprimé se tient ici sous la surface : la mère laisse son bébé souffrir sans avoir besoin d'être consciente de ce qu'elle fait ou d'avancer une quelconque raison pour son comportement. Liedloff nous montre de quelle façon épouvantable notre rapport à la réalité devient une arme qui nous permet de tourmenter nos enfants. Nous sommes ici en présence d'une hostilité refoulée, refoulement qui nous entoure depuis la naissance et, de ce fait, n'est reconnu ni par la victime ni par la personne qui exige sa soumission. En *réalité,* n'est-ce pas, l'enfant ne manque de rien!

Par ce comportement, non seulement nous nous évitons de reconnaître que nous reproduisons l'histoire de notre propre vie et les expériences au cours desquelles nous avons été opprimés et violés, mais nous étouffons aussi nos propres besoins. Les pleurs d'un bébé éveillent en nous notre propre désespoir, éprouvé il y a fort longtemps, et, avec lui, les affres de la rage et de l'impuissance qui l'accompagnaient. Nous ne pouvons cependant admettre ces sentiments, car ils sont en contradiction avec la « réalité » qui nous a été inculquée et avec la structure tout entière de notre moi qui y trouve appui.

Percevoir les pleurs d'un enfant comme des signaux

de désespoir menacerait notre équilibre psychique d'écroulement. C'est pourquoi nous demeurons fidèles aux indications de nos parents, qui nous apaisent et qui nous confortent dans les aires, précisément, où nous trahissons notre moi. Et ainsi nous tourmentons nos enfants pour revivifier le souvenir de nos propres privations. Nous les faisons taire de multiples manières, car nous sommes solidement ancrés dans la « réalité » et nous devons la défendre. Mieux encore, notre domination sur l'enfant sans défense nous pourvoit d'un moyen de gonfler notre ego, d'exalter l'estime de soi. Le pouvoir, la domination, le contrôle sur les autres, nos enfants inclus, confèrent de l'importance au moi [2].

Si nous observons la situation des enfants en bas âge de ce point de vue, et si nous nous demandons en quoi consiste leur première expérience d'apprentissage, nous arrivons à une conclusion inévitable : ils apprennent qu'ils n'ont *rien* à apprendre. Ils ne peuvent *pas* transformer leurs propres réactions en démarrage de leur développement. Apprendre qu'il n'y a rien à apprendre, c'est ce qui entrave d'une manière décisive le développement de l'autonomie, c'est le premier chaînon d'un développement dévoyé, au cours duquel nous apprenons simplement que manifester ses besoins est quelque chose de dangereux, voire d'hostile. Bientôt, l'autonomie et tout ce qui pourrait y conduire susciteront des sentiments de crainte.

Ce phénomène nous demeure caché, dans la mesure où les modèles dominants de pensée (et aussi les théories de l'apprentissage) considèrent l'apprentissage comme un processus déterminé essentiellement du dehors. Selon l'opinion courante il a lieu lorsque l'organisme est exposé, sous diverses conditions, à tel ou tel stimulus extérieur. De la même façon on est loin de reconnaître que le besoin d'apprendre peut être différent, qu'il peut relever d'un processus interne caractérisé par une réponse positive de l'organisme au monde environnant. Si nous admettons que la relation d'un être vivant à son environnement est un *engrenage* (un ajustement d'éléments qui correspondent l'un à l'autre) et non pas un processus mécanique aux effets forcés, alors l'apprentissage ne sera pas, pour l'essentiel, la réaction à un stimulus : la réaction (et les besoins qui la sous-tendent) cherchera les stimuli susceptibles de la déclencher. Vu sous cet angle, l'apprentissage n'est pas seulement un procédé imposé du dehors, mais un réseau d'interactions.

L'interprétation inverse dérive d'une théorie inspirée par la cybernétique. Elle a été formulée, par exemple, par B.F. Skinner dans son livre *Par-delà la liberté et la dignité* (1971) *, qui définit l'être humain d'une manière simpliste en termes d'*input* (action) et *output* (réaction) mécaniques. Malheureusement, c'est là le type de pensée auquel nous sommes confrontés dans de nombreux compartiments des sciences sociales [3]. Pour cette raison, aussi longtemps que nous ne sommes pas préparés à reconnaître l'autonomie comme une possibilité viable, nous demeurons incapables de reconnaître la nature unilatérale de l'approche conventionnelle de l'apprentissage.

La véritable voie vers l'autonomie

Les recherches de De Casper et Fifer (1980) montrent que, durant les trois premiers jours de leur

* Paru en français chez Hurtebise HMH, 1972. *(N.d.T.)*

existence, les nourrissons non seulement sont capables de distinguer la voix de leur mère parmi d'autres voix, mais aussi qu'ils tentent d'imiter la voix de leur mère en bougeant les lèvres pendant la tétée. Cela démontre que la capacité d'un comportement autonome joue un rôle intégrant dès le tout début de la vie. Qu'arrive-t-il cependant quand la mère ne réagit pas d'une manière appropriée, quand elle ne répond pas affectueusement aux demandes de l'enfant? Le nourrisson sera empêché, dès le début, de se constituer une personnalité intégrée. Il sera totalement empêché d'apprendre quoi que ce soit sur sa propre nature.

Une mère n'est pas nécessairement consciente que sa réponse est inappropriée. Vuorenkoski et ses collègues (1969) ont observé les effets des pleurs des nourrissons sur la montée du lait des mères primipares. Un enregistrement des pleurs d'un nourrisson a été diffusé pendant sept minutes : sur les quarante mères étudiées, seize ont réagi au bout de quatre minutes après le début des pleurs, seize au bout de sept minutes, quatre seulement une minute après que les pleurs eurent cessé, et quatre pas du tout. Si une mère est effectivement coupée de ses émotions les plus précoces, elle sera incapable d'empathie à l'égard de son bébé. Il lui sera impossible d'être suffisamment attentive à ses besoins et à ses tentatives pour communiquer avec elle. S'il est déjà regrettable que sa réponse inadéquate interfère avec l'alimentation du nourrisson, on peut imaginer que la situation sera bien plus grave si les besoins de l'enfant, expression de ses tendances à l'autonomie, incitent la mère à supprimer ses propres besoins et ceux de l'enfant.

En reconnaissant que de telles interactions ont lieu, avec d'innombrables variantes, dès les premières semaines de la vie et qu'elles aident ou gênent l'émergence d'un être pleinement individualisé, nous comprendrons aussi que nos propres réactions façonnent le moi très tôt dans la vie. Si l'on ne permet pas au moi de se développer d'une manière indépendante, c'est la volonté de la mère qui le formera. Les parents qui ne sont pas capables de répondre aux véritables besoins de leurs enfants rendent leur future intégration psychologique dépendante du monde extérieur.

Pour ce qui est du développement du moi (l'organisation de la personnalité) de nos enfants, nous faisons un choix, et cela dès leur âge le plus tendre : sera-t-il déterminé par des forces internes ou extérieures? En d'autres mots, nos enfants mèneront-ils une existence autonome ou une existence dépendante des stimulations extérieures?

Nous avons vu comment l'autonomie peut être détruite, mais ce n'est pas tout. Apprendre que rien ne vient de l'intérieur renforce une situation qui devient vite négative : nous ne sommes plus capables de reconnaître nos besoins et nos motivations. Nous ne pouvons pas reconnaître notre moi le plus profond parce que nous ne connaissons pas notre centre. A quoi s'ajoute la peur que nous inspire la force vitale de nos besoins, ressentis comme des ennemis dangereux.

En effet, le vide intérieur peut être assimilé à un abîme psychologique. Le sentiment d'être impuissant aussi bien que l'épouvante et la rage qu'il engendre sont rejetés brutalement par le monde environnant. La rage, expression directe de la vitalité du moi, se mue en apathie et dépression, lorsque son extériorisation est interdite; les enfants renoncent à leur enthousiasme vital et se fanent intérieurement. Ensuite, ils apprennent à diriger leur fureur contre leur besoin d'autonomie. Ce déplacement crée les prémisses d'une récompense émanant de la société. Dès lors qu'ils se soumettent à la volonté des autres – celle de leurs parents, par exemple –, ils n'auront pas d'autre choix que de diriger leur fureur contre tout ce qui, ne fût-ce qu'en apparence, éveille la tendance à l'autonomie.

Car plus cette évolution caractérise le développement des enfants, et plus ils porteront de coups à tout ce qui, en eux-mêmes, et hors d'eux-mêmes, pourrait réveiller leur vitalité. Ainsi ils vont se tourner d'abord contre d'autres enfants et, plus tard, à l'âge adulte, contre la jeunesse en général. Leurs propres perceptions, leur propre réalité seront refoulées et les limites de leur moi céderont. Alors, paradoxalement, les premiers sentiments et besoins qui leur soient propres – en d'autres termes la part personnelle la plus profonde de l'être – seront aussi ceux qui leur rendront la vie apparemment impossible. Leur humanité, l'aptitude à ressentir leur propre souffrance et celle des autres représentent, dans ces circonstances, une menace. Des gens qui ont grandi de cette manière ne pourront ni reconnaître ni respecter ce qu'Erik Erikson (1964) a décrit comme la capacité de supporter la douleur, de comprendre et d'alléger la souffrance, et de la reconnaître comme un aspect fondamental de notre expérience humaine commune.

L'empathie comme catalyseur de l'autonomie

Comment naît l'empathie chez l'homme? Notre méthode de communication la plus profonde et la plus fondamentale est de nature empathique. La relation des nourrissons avec leur environnement consiste dans le fait d'être tenus, portés, touchés. Les voies nerveuses kinesthésiques engendrent notre perception directe des autres, elles sont mutuellement modifiées par nos sens visuel, acoustique, tactile, olfactif [4]. Dans son ouvrage *Young Man Luther* * (1958), E. Erikson décrit poétiquement la manière dont une mère apprend à son nourrisson « comment toucher le monde avec sa langue chercheuse et ses sens tâtonnants ». Grâce à l'attention empathique de sa mère, le bébé devient capable de ressentir ses propres émotions et par là même de les modeler en utilisant sa mère comme miroir. La relation complémentaire entre le nourrisson et sa mère est constamment modifiée par la nature changeante de leurs interrelations.

A ce propos, Condon et Sander (1974) ont observé que les nourrissons non seulement suivent les voix qu'ils entendent, mais aussi bougent selon leur rythme, et cela dès les premières seize heures de leur vie. Cette « danse » est stimulante pour la mère qui y répond. Elle lui montre que son bébé réagit, et elle lui accorde en retour son attention. Ainsi, chacun modifie et confirme l'autre dans une constante progression mutuelle. (Rosenblatt [1978] présente une brillante analyse de cette synchronisation dans le cas des mammifères subprimates. Au centre de cette étude théorique et expérimentale, on trouve les phases changeantes des besoins du petit et de sa mère, interprétées d'un point de vue ontogénétique.)

Les expériences d'apprentissage auxquelles nous nous référons sont intimement liées à la qualité des stimuli caractérisant la structure des relations mère-nourris-

---

* *Luther avant Luther*, Flammarion, 1968.

son. Pour pouvoir éprouver le monde par empathie, le nourrisson doit jouir avant tout d'un environnement qui l'approche d'une manière adéquate. Cela ne peut avoir lieu que si les stimuli reçus du milieu sont d'un bas niveau d'intensité. Dans sa longue série d'articles, culminant dans un essai intitulé : *Une théorie évolutionniste et de développement du processus biphasé sous-tendant l'approche et le retrait* (1959), Schneirla souligne que, dès la naissance, il existe une base organique biphasée primitive pour la stimulation sensorielle ultérieure. Des stimuli d'intensité relativement basse tendent à déclencher, par rapport à leur source, des réactions d'approche; de hautes intensités, des réactions de retrait. Les différences entre les seuils qui déclenchent les groupes de muscles antagonistes deviennent déterminantes pour le développement des modèles du comportement.

Le résultat en est que les processus d'empathie sont encouragés, à condition que la mère et le nourrisson soient affectivement proches. C'est seulement lorsque la mère répond aux sollicitations de son nourrisson que le flux des stimuli de basse intensité est assuré. Cela permet non seulement à l'enfant de prospérer [5], mais lui confère aussi la base d'un développement sensoriel empathique.

La disponibilité attentive de la mère empêche que l'enfant ne soit débordé par une stimulation excessive. Fuller (1967) montre dans son article sur la privation d'expériences qu'un organisme ne peut rien apprendre dans un complexe de stimuli donnés, s'il ne peut se concentrer sur des composants significatifs de ce complexe, en négligeant les autres [6]. Nous sommes ici en présence d'un type d'apprentissage essentiel pouvant conduire à l'autonomie. Car, pour qu'un tel apprentissage puisse avoir lieu, la différenciation est indispensable. Et il sera compromis si, tout en étant intérieurement prêt à répondre, le nourrisson ne se trouve pas en présence d'un stimulus adéquat [7].

Une mère qui protège intuitivement son enfant d'un trop-plein de stimuli plante la graine qui permet la croissance d'un apprentissage automotivé. Si la mère n'est pas en mesure de le faire, ou bien la conscience de l'enfant sera dominée par un sentiment d'impuissance, qui aboutira à l'infirmité psychologique, ou bien ce sentiment d'impuissance sera réprimé et coupé du moi en développement. Dans ce dernier cas, l'enfant écartera tout ce qui lui rappellera la situation dans laquelle il avait éprouvé ces sentiments, réduisant ainsi sa capacité d'empathie et par là son humanité. Ainsi, toute une partie de son moi en formation sera coupée de sa conscience. Pour que ce clivage puisse être supporté, le sentiment d'impuissance doit être rejeté et haï. C'est le sentiment d'être sans défense qui sera éprouvé comme menaçant et non pas la situation qui l'a suscité. De ce fait, les gens chercheront à se venger sur tout ce qui peut leur rappeler leur propre faiblesse. C'est pourquoi ils la mépriseront chez les autres. Le mépris cachera leur peur et en même temps encouragera une idéologie compensatoire de pouvoir et de domination. De cette manière, les victimes rejoignent les rangs de leurs oppresseurs pour trouver de nouvelles victimes – un processus sans fin qui déshumanise les êtres humains.

Ainsi, tout ce qui pourrait nourrir leur propre autonomie est dédaigné. Une recherche incessante du succès et de la performance remplace l'élan vers l'autonomie. Mais les gens rejettent l'impulsion vers l'autonomie non seulement parce qu'elle peut leur rappeler leur propre soumission, mais aussi parce que la véritable autonomie démasque les structures de pouvoir qu'ils ont mises en place pour échapper à leur propre sentiment d'impuissance. Dès lors que nous sommes tous les victimes, à divers degrés, de ces circonstances, la tendance vers la déshumanisation est, *nolens volens*, générale. Notre empathie est minée chaque jour davantage même quand – comme dans l'exemple de Liedloff – elle se travestit en sollicitude.

Dans ces cas-là, nous ne nous rendons même pas compte que nous sommes impliqués dans la distorsion et la falsification de notre perception empathique dont les autres sont l'objet.

On peut en rencontrer un exemple typique dans la vie du fondateur de la psychanalyse. Freud, on le sait, a réagi avec colère et indignation en apprenant que son entourage hésitait à lui dire la vérité au sujet de son cancer. Ainsi trouvons-nous dans la littérature psychanalytique des références répétées au « mauvais » caractère de Freud. Heinz Kohut, pour ne citer que lui, soutient dans son livre, *The Restauration of the Self* (1977), que Freud était incapable de comprendre que c'était bien par gentillesse et sollicitude qu'on lui cachait l'entière vérité au sujet de sa maladie. Kohut en arrive à la conclusion que « le moi central » de Freud était menacé (p. 65) – en d'autres mots, qu'il souffrait d'un narcissisme blessé!

Il est frappant de constater comment cette interprétation reflète l'idéologie de la domination dans la psychanalyse, telle qu'elle est pratiquée par beaucoup de ses tenants. Il n'y a pas lieu de s'indigner – n'est-ce pas? – lorsque la sollicitude elle-même devient un instrument de pouvoir! *Lorsqu'on se révolte contre cette pratique, on ébranle la structure qui permet que la gentillesse et la prévenance soient utilisées pour tenir les autres en état de dépendance.* En approuvant la sollicitude et la prévenance, nous travestissons le véritable état des choses. On ne peut pas accorder à Freud le droit à l'estime de soi et à l'autonomie parce qu'on *admettrait* du même coup que ce que l'on considère généralement comme thérapie ou philanthropie n'est, en fait, que l'occasion de jouer un rôle. On attend des patients qu'ils soient reconnaissants et qu'ils se comportent d'une manière dépendante. S'ils le font, ils obtiennent l'approbation de leur thérapeute, et leur dépendance – même si elle prend des formes agressives et non coopératives – consacre la supériorité du thérapeute, laquelle est, elle, source de « gentillesse ».

L'indignation de Freud est désapprouvée parce qu'elle remet en question une attitude largement répandue tant dans le monde de la thérapie que dans celui des relations humaines en général. L'exemple de la mère cité par Liedloff et l'interprétation de Kohut reflètent le modèle de comportement institutionnalisé qui repose sur le couple dominant-dominé. La haine que ce modèle de comportement engendre détruit l'autonomie humaine.

Nous sommes tous pris jusqu'à un certain degré dans cet engrenage. Nous avons tous expérimenté notre impuissance, et plus elle nous a affectés dans un sens négatif – jusqu'à rendre impossible une intégration nouvelle et positive dans notre environnement –, plus nous avons à redouter qu'elle ne nous impose un état de soumission. Mais certains d'entre nous ne renoncent pas à la possibilité de devenir autonomes. Je discuterai maintenant certaines formes que prend ce refus.

Les voies qu'emprunte le camouflage de l'autonomie

Il est paradoxal que le combat intérieur pour préserver l'autonomie puisse s'exprimer à travers une adaptation outrée, la soumission et un comportement autodestructeur. De ce fait, et vu la forme que l'autonomie adopte, l'observateur peut ne pas détecter son existence et sa nature en tant que force vitale fondamentale. Ce sera le cas chaque fois qu'elle sera traitée avec indifférence ou explicitement rejetée. Nous ne devrions pas nous étonner de ce que, dans une société exigeant l'obéissance, le conformisme, la dépendance comme prix de l'amour, l'autonomie – en tant que facteur intégrant le plus essentiel dans le développement humain – soit ou contestée ou camouflée.

Un patient m'a dit un jour : « Vous n'avez pas prise sur moi si je suis comme vous souhaitez que je sois. » Avec une perspicacité peu commune, il était capable de saisir intuitivement les souhaits et les pensées des autres gens. En s'adaptant à leurs désirs, il se protégeait des dangers résultant d'une ouverture d'esprit ou d'un engagement. Il faisait simplement ce que les autres attendaient de lui, mais il ne s'impliquait pas dans ses actions. Comme il n'avait jamais manifesté une volonté propre, il se croyait inviolable et se sentait « libre ». Bien entendu, il n'était libre que potentiellement, car il n'avait jamais traduit ses idées en actions. Ainsi, l'autonomie n'existait que dans son imagination.

Nous avons ici l'exemple d'une autonomie qui plonge dans la clandestinité, pour ainsi dire, de manière à demeurer invulnérable, et cela malgré une bonne volonté et une soumission totales.

De la même manière, un autre de mes patients se défendait contre toute manipulation en développant des sentiments de culpabilité d'un genre particulier. Ce faisant, il devenait conforme au modèle qu'on lui proposait. Une fois, il m'a dit : « Se sentir coupable est rassurant. On se sent à l'abri parce qu'on n'est pas libre d'être soi-même. On vous impose les choses de dehors. Quelqu'un vous dicte comment vous comporter et vous vous sentez en sécurité dans votre abri. Vous pouvez garder votre supériorité et votre mépris pour vous-même. »

Ses sentiments de culpabilité, qui fonctionnaient comme une ultime forme de contact avec une mère par ailleurs inaccessible, servaient en même temps à garder son moi potentiel hors de portée. En devenant l'objet de la volonté de sa mère à travers ses sentiments de culpabilité, il pouvait soustraire sa propre volonté à la manipulation parentale. Ses efforts pour préserver son autonomie au moyen d'une invulnérabilité factice se révélèrent vains et hautement pernicieux pour la suite de son évolution. Si nous ne débusquons pas la tentative cachée d'obtenir l'autonomie, ou si nous l'interprétons comme la simple expression d'une dépendance primaire, nous ne découvrirons pas que cette personne n'a pas totalement abdiqué et nous serons incapables d'admettre que son désir d'autonomie – fût-il réprimé – est toujours à l'œuvre.

Dans le domaine de l'éthologie aussi, ignorer ce genre de tendances cachées conduit à des résultats erronés. En 1967, le zoologue américain J.L. Kavanau a montré, dans une étude critique de la méthodologie dans la recherche, que les protocoles expérimentaux sont établis de telle sorte qu'ils confirment davantage les idées préconçues des savants qu'ils ne révèlent les véritables réactions (et leurs arrière-plans signifiants) des animaux de laboratoire. Des animaux, par exemple, auxquels on impose (en vue d'une classification) des situations expérimentales contraignantes montrent des réactions que l'observateur désigne comme « erronées ». Cependant, du point de vue comportemental de ces animaux, ces réactions, loin d'être des « erreurs », constituent des variantes enrichissantes dans le cadre d'un environnement expérimental rigide. Ainsi, lorsque les animaux doivent s'adapter à un labyrinthe, ils élargissent leur « vécu » par des comportements déviants et inattendus, que l'observateur qui veut appréhender leur processus d'apprentissage ou leurs besoins biologiques a tort de considérer comme des « erreurs ». Les scientifiques considèrent le comportement animal à partir de leurs préalables théoriques. La vie et la vitalité de l'animal ne les intéressent que fort peu. Les « erreurs » de l'animal sont, en fait, des artefacts dus aux conditions expérimentales et concernent plutôt le savant que l'animal. Kavanau illustre ici ce que la plupart des éthologistes, à moins de reconnaître leurs torts, sont obligés de contester : le fait que la vie dispose de forces qui résistent aux circonstances coercitives qu'on leur impose.

Beaucoup de facettes du développement humain reflétant nos efforts pour devenir autonomes demeurent cachées, car l'autonomie trouve de nombreux moyens de se dissimuler même à l'intérieur du conformisme. Notre culture, qui met l'accent sur l'adaptation, oblige l'autonomie à camoufler ses pulsions. Cela masque le fait que le développement humain se distingue surtout par la quête d'autonomie.

Même Freud, dont la pensée révolutionnaire et audacieuse a élargi nos vues sur la nature humaine et leur a imprimé une nouvelle direction, avait adopté en cette matière une attitude ambiguë. Il considérait le développement humain comme un processus qui infléchit nos tendances à travers leur répression, leur contrôle ou leur sublimation. A ses yeux, les désordres de ce développement sont la conséquence de certains défauts d'adaptation. Il considérait les tendances comme inaltérables et, fondamentalement, comme des instincts mauvais qui ne peuvent être maîtrisés que par la socialisation (Gruen et Hertzman, 1972). Non seulement le but du développement était l'adaptation à la réalité existante, mais les symptômes pathologiques étaient interprétés comme autant de défauts d'adaptation à cette même « réalité », par ailleurs jamais mise en question. Les malades étaient en quelque sorte responsables de leur maladie. Ce cadre intellectuel une fois admis, il devenait impossible de reconnaître que les symptômes pathologiques face aux pseudo-réalités d'une société donnée constituent souvent la seule méthode pour affirmer son autonomie.

Si nous nous tournons vers les expériences des artistes qui voient leur développement comme un combat intérieur pour l'authenticité, nous verrons les choses différemment. Anton Tchekhov, par exemple, écrivait à un jeune auteur :

> Écrivez une histoire au sujet d'un jeune homme, fils d'un serf, ancien commis dans un magasin d'alimentation, enfant de chœur, lycéen et étudiant, éduqué à respecter les différences de classe, à baiser la main des prêtres, à se soumettre aux idées des autres – un jeune homme qui disait merci pour chaque bout de pain, qui avait été fouetté souvent, qui utilisait ses poings, torturait

des animaux, se rendait volontiers aux dîners des parents riches, un hypocrite à l'égard de Dieu et des hommes, inutilement hypocrite et uniquement parce qu'il était conscient de son insignifiance – écrivez comment ce jeune homme extirpe l'esclave de lui-même, goutte après goutte, et comment, se réveillant un beau matin, il se rend compte que le sang qui coule dans ses veines n'est plus celui d'un esclave mais celui d'un homme authentique. (A. Yarmolinsky, 1973.)

Tchekhov comprenait que l'hostilité, la malignité et le sadisme découlaient des sentiments d'impuissance et du mépris de soi, et que, engendrés par l'adaptation à une réalité sociale hypercritique, ils ne peuvent être attribués à une agressivité innée.

Une patiente schizoïde m'a expliqué, après une séance de psychothérapie, qu'elle se rendait maintenant compte que toute sa vie elle avait essayé d'être une non-entité, d'être complètement vide. Elle ne gardait, disait-elle, que quelques coquilles de pistache dans sa poche de sorte que, confrontée à une exigence (de réaliser quelque chose ou de s'adapter), elle puisse retourner ses poches en disant : « Vous voyez, je n'ai rien. » Nous trouvons ici l'expression d'une extrême défense contre la manipulation, même si cela revêt une forme désespérée et auto-invalidante. La patiente refusait d'adopter un comportement conventionnel, ce qui eût pu impliquer qu'elle avait joui d'une éducation sans accrocs et que sa mère l'avait traitée affectueusement. Elle n'entendait pas confirmer par son comportement l'image d'une mère « aimante et bonne ». Mais en agissant comme si toutes ses décisions dépendaient seulement des souhaits des autres – souhaits auxquels toutefois elle refusait constamment de se plier –, sa vie était demeurée, malheureusement, complètement vide. Pis encore : son attitude avait entraîné une asthénie psychique totale et une pseudo-débilité mentale.

Aussi longtemps que nous mesurons la santé psychique de quelqu'un en nous demandant jusqu'à quel degré il (ou elle) accepte les conventions sociales, nous risquons de passer outre le fait que, dans certaines circonstances, ces conventions desservent une acceptation sans condition d'erreurs et de mensonges. L'état d'âme des schizophrènes, auquel nous avons, semble-t-il, un accès si difficile, ne nous deviendra compréhensible que si nous nous rendons compte qu'ils réagissent avec une sensibilité douloureuse à une certaine hypocrisie : celle d'une société qui cache derrière ses conventions, qu'elle appelle bienveillance, sollicitude, voire amour, une certaine forme de violence destinée à empêcher l'expression de notre nature profonde.

Dans son ouvrage *Les Voies de la volonté* (1966), le psychanalyste Leslie Farber (un collaborateur de Frieda Fromm-Reichmann) décrit une rencontre entre un schizophrène hospitalisé et un thérapeute, qui illustre les maladroites tentatives d'autonomie du patient. Elle révèle ainsi la manière dont ces patients essaient constamment de nous informer sur une réalité sociale dénaturée.

Le thérapeute en question avait un stylo à plume, cadeau de son père, auquel il était très attaché. Au cours des séances de psychothérapie, le stylo éveilla l'intérêt du patient, par ailleurs peu communicatif. Le thérapeute ayant noté cela, il plaça le stylo dans la main du patient et lui suggéra de l'essayer. Encouragé par la réaction du schizophrène, le thérapeute lui dit qu'il pouvait garder le stylo jusqu'au lendemain. Au cours des séances suivantes, il ne fut plus question du stylo. Après quelques semaines, le thérapeute voulut savoir ce qu'il en était advenu et dit au patient qu'il souhaitait le récupérer. Le malade ne lui répondit pas. Après qu'environ six semaines se furent écoulées, le thérapeute expliqua au schizophrène que le stylo représentait beaucoup pour lui, que c'était un cadeau de son père, et qu'il voulait qu'il lui soit rendu. Il engagea le patient à discuter de cette chose avec lui. Le patient murmura qu'il avait perdu le stylo et ne prononça plus un seul mot pendant près d'une heure. De plus en plus agité, le thérapeute finit par l'apostropher violemment. La séance s'acheva sur cette note déplaisante et le patient regagna sa chambre. Peu de temps après, le thérapeute, flanqué de deux infirmiers, fit irruption dans la chambre du malade. Pendant que les infirmières immobilisaient celui-ci sur le parquet, le thérapeute chercha son stylo. Il le trouva, bien sûr, et alors qu'il quittait la chambre, le patient lui cria, toujours étendu sur le parquet : « Mon Dieu, quelle maison de fous ! Tout ce tapage pour un petit stylo à plume ! » (p. 190).

Dans son livre, Farber essaie de nous montrer que le thérapeute – un homme policé – avait mal interprété les véritables raisons de son accès de violence, dans la mesure où il l'avait expliqué en se référant au mécanisme psychanalytique bien connu du transfert. (Dans cette interprétation, le contre-transfert avait rendu le thérapeute furieux parce qu'il traitait d'une façon maternelle le patient qu'il voulait guérir; ce dernier n'ayant pas répondu à ce traitement d'une manière positive, le thérapeute s'était mis en colère.) Farber interprète l'incident d'une manière différente, car il voit dans la rencontre un heurt entre deux volontés. Selon moi, aucune des deux explications ne rend justice au fond du problème.

Il ne fait pas de doute que le comportement du patient a été provocant. Mais le thérapeute n'attendait-il pas de son patient qu'il joue un rôle dans un scénario établi à l'avance et comportant des règles strictes, bien que non explicitées? Pour tenir son rôle, le patient ne devait-il pas se comporter « gentiment » afin de conforter l'image que le thérapeute se faisait de lui-même, celle d'une personne gentille, aimable et affectueuse? N'était-ce pas le thérapeute qui abusait du patient – comme nous abusons l'un de l'autre à longueur de journée – de manière à se voir confirmé dans ses vertus? Il semble qu'il n'ait pas souhaité être seulement une bonne « mère »; sa générosité faisait aussi partie d'un jeu de confirmation mutuelle, au cours duquel l'un des partenaires se sent puissant et important, alors que l'autre doit prouver qu'il est obéissant.

Si le patient s'était prêté au jeu, n'aurait-il pas prouvé par son comportement « correct » qu'il était devenu un bon patient, un patient en voie de guérison? Sans doute avait-il ressenti tout cela et avait dit : « Non! » Les schizophrènes [8] sont souvent peu coopératifs parce que, en défendant leur « impuissance », ils démasquent l'hypocrisie de cette fausse dramaturgie. Cela nous irrite car nous sommes prisonniers de notre propre script. Qui a le droit de vous contester ouvertement, lorsque, en accord avec votre rôle, vous répondez à une telle « impuissance » par de la gentillesse? Le comportement du patient nous oblige à suffoquer dans notre propre rôle. Nous nous vengeons en nous acharnant à l'« aider ». Et si cela se révèle inopérant, ceux qui ont offert leur aide peuvent succomber à une sérieuse crise psychique accompagnée souvent de symptômes psychosomatiques tels, par exemple, que la migraine.

Il est vrai que le patient s'est montré imperméable

au côté humain du thérapeute, à son intention d'être amical et tolérant. Néanmoins, de tels patients – avec leur habileté, jamais prise en défaut, pour démasquer l'hypocrisie d'un amour contraignant – nous permettent d'entrevoir une vérité que nous fuyons tous les jours. Nous jouons tous des rôles divers dont la finalité consiste à soutenir des systèmes conçus pour garder notre image intacte; ces systèmes sont fondés, de leur côté, sur le pouvoir. En contribuant au renforcement de ces systèmes, nous démontrons involontairement à quel point l'idéologie du pouvoir demeure incontestée. (Le pouvoir peut susciter la résistance, l'idéologie qu'il recouvre ne le fait pas.) Un cercle vicieux est ici à l'œuvre, qui nous aliène de plus en plus et nous empêche de voir les dommages que nous nous infligeons et que nous infligeons aux autres. Dans notre monde, ce sont ceux qui remportent les plus grands succès qui sont le mieux adaptés à cette pseudo-réalité. Et ceux qui s'adaptent le mieux sont aussi ceux qui sont le plus coupés de leur sensibilité. Paradoxalement, le succès cache la folie de ceux qui se sont arrachés au monde de leurs émotions. Le résultat est une *réalité* que Proust décrit en se demandant comment nous pouvons avoir le courage de désirer vivre, comment nous pouvons faire un seul mouvement pour nous préserver de la mort dans un monde où l'amour naît d'un mensonge et consiste seulement en ce besoin de voir nos souffrances apaisées par l'être même qui nous a fait souffrir *...

---

* Dans *A la recherche du temps perdu (Du côté de chez Swann)* il écrit en effet : « Et pourtant cette Odette, d'où lui venait tout ce mal, ne lui était pas moins chère, bien au contraire plus précieuse, comme si au fur et à mesure que grandissait la souffrance, grandissait en même temps le prix du calmant, du contre-poison que seule cette femme possédait. »

Le patient s'est montré récalcitrant pour tester son thérapeute, et en même temps pour affirmer son refus de participer à une démarche qui ne pouvait aboutir qu'à une déception mutuelle. Un schizophrène *impuissant* peut, à la limite, s'en accommoder! Malheureusement, dès lors que les conventions sociales voient dans toute *non-participation* une sorte de trahison, cela peut conduire aussi à la perte de toutes relations personnelles et sociales, à un suicide psychique.

Le refus du patient éclaire ce que, précisément, nous écartons de notre conscience : le fait que ceux qui dominent et ceux qui sont dominés, ceux qui oppriment et ceux qui sont opprimés sont tous imbriqués dans un échange de pouvoir dans lequel la sollicitude de l'un devient une entrave à la liberté de l'autre. De plus, on appelle amour l'ensemble de cette transaction. Le prix à payer pour l'adaptation à un tel mécanisme, c'est la peur de notre propre liberté et vitalité, et cela malgré toutes les tentatives de rébellion que nous entreprenons. Nous pouvons critiquer les normes de la société et nous opposer à elles, sans être conscients de cette peur. Sans nous en rendre compte, nous avons déjà renoncé à notre liberté, parfois au point de nous identifier involontairement au pouvoir qui nous opprime. La peur de notre propre autonomie, et de la vitalité qu'elle engendre, devient le point focal inconscient de notre vie. Par ailleurs, la fragmentation de notre autonomie potentielle est si étendue qu'elle échappe elle aussi à notre conscience.

La peur de l'autonomie et de la liberté de posséder un moi qui nous soit propre

Un exemple de la fragmentation extensive de notre autonomie et de l'inconscience qui l'accompagne peut être observé lorsque nous courons, marchons ou restons debout – en d'autres termes, à travers les mouvements quotidiens de notre corps. (A ce propos, il est intéressant de noter que les mouvements de nombre de schizophrènes nous frappent comme une parodie de notre façon de bouger. Ils reflètent le rejet des règles de la société concernant notre comportement corporel.)

Après avoir reçu le prix Nobel en 1973, Nikolaas Tinbergen a analysé, lors d'une conférence (1974), les postures et les mouvements de notre corps. Il a décrit la façon dont la plupart d'entre nous se promènent avec une nuque raide, des épaules tombantes et les muscles fessiers tendus. Nous restons assis avec une épaule voûtée, tantôt trop penchée, tantôt trop reculée. Nous avons des *idées arrêtées* sur la façon d'être assis, d'être debout, de marcher, et nous essayons de nous y conformer. Nos idées conscientes au sujet de la posture et du mouvement reflètent une conception statique de l'équilibre, plutôt que sa qualité dynamique. Lorsque nous avons une *sensation harmonieuse de notre corps,* la transition d'une position à une autre – qu'on soit assis, debout ou qu'on marche – se fait d'une manière aisée. Mais dès que nous essayons d'accomplir nos mouvements consciemment, la plupart d'entre nous s'aperçoivent qu'ils doivent se préparer intérieurement pour changer une position pour une autre.

Lorsqu'il a mis en pratique une méthode de restauration physique (la méthode Alexander) [9], Tinbergen a été vivement impressionné par la rapidité avec laquelle il a amélioré le contrôle de son corps. Apparemment, à l'aide d'une approche adéquate, nous pouvons nous arracher aux contraintes héritées du passé.

Moshe Feldenkrais *, qui a étudié les mouvements du corps humain pendant quarante ans, a fait des observations similaires sur la capacité d'apprentissage du cortex humain (c'est l'organe au moyen duquel nous contrôlons les mouvements de notre corps). A l'évidence, nous possédons l'aptitude à *réapprendre rapidement* et à remplacer ainsi des mouvements peu satisfaisants par d'autres, mieux intégrés, si nous avons l'occasion de faire de nouvelles expériences. « Un mauvais usage du corps, avec toutes ses conséquences psychosomatiques ou plutôt somatopsychiques, dit Tinbergen, doit être considéré, de ce fait, comme le résultat d'un stress... culturellement provoqué » (p. 25). Selon Holst et Mittelstaedt (1950), il entre apparemment dans les fonctions du cerveau de fournir une idée « correcte » des performances du corps. Il semblerait que les résultats de nos mouvements soient renvoyés au cerveau sous forme d'images, où elles sont comparées aux prévisions accumulées dans le cortex cérébral. Tinbergen et Feldenkrais soulignent que l'origine de ces prévisions n'est pas génétique, mais phénotypique, c'est-à-dire qu'elle est due à un apprentissage précoce et à la socialisation.

---

* Cf. *La Puissance du moi,* éd. Robert Laffont, coll. « Réponses », 1990.

La Conscience du corps, éd. Robert Laffont, coll. « Réponses », 1974.

J'attire l'attention sur ces faits parce que, selon moi, ils ne concernent pas seulement un apprentissage qui conduit à des façons erronées de se mouvoir. Ce qui me paraît plus important, c'est que notre façon de marcher et de bouger, conditionnée par des influences culturelles négatives, relève d'un phénomène plus large : *la substitution d'une volonté étrangère à notre propre volonté.* C'est ce phénomène qu'il faut incriminer lorsque nous perdons la capacité de fonctionner d'une manière autonome et harmonieuse. Ses conséquences peuvent être illustrées par une expérience personnelle que j'ai eue lors d'un séminaire avec des professionnels de la santé. Elle m'a montré que le phénomène n'est pas seulement expulsé de la conscience, mais qu'il ne suffit pas de le faire entrer dans le collimateur de notre attention pour le faire admettre.

Le séminaire eut lieu en 1979 au Centre pour l'enfance de l'hôpital universitaire de Munich. Il était consacré à la thérapie fonctionnelle et était dirigé par Feldenkrais (Gruen, 1980). Très tôt, Feldenkrais avait mis en évidence dans son travail sur les mouvements du corps que la *pression sociale* exerce un effet inhibiteur et restrictif sur l'aptitude à l'apprentissage. Le travail de rééducation avec des patients souffrant de parésie, de sclérose en plaques et d'autres maladies révélait que certains modèles de pensée et des expériences pernicieuses pour notre corps induisaient souvent une perte de fonction. Imposés par le processus de socialisation, ces modèles de pensée poussent notre corps vers une adaptation qui nous promet la sécurité du point de vue social et, par voie de conséquence, émotionnel. Mais ces mêmes modèles *nous coupent de nos sensations corporelles, et aussi de nos émotions,* ce qui rend extrêmement difficile l'émergence d'un moi fondé sur *nos propres expériences.* C'était le but du séminaire que d'introduire les participants à une forme d'intégration bâtie sur de nouvelles expériences corporelles.

En deux jours, Feldenkrais amena un groupe d'environ une centaine de spécialistes (médecins, psychologues, kinésithérapeutes) à acquérir un si grand contrôle de leur mobilité que, assis sur le plancher et faisant pivoter leur buste en une seule direction, ils se montraient capables d'embrasser un champ visuel de 360 degrés. Nos mouvements découlent de concepts abstraits. Feldenkrais nous permettait de nous trouver tellement en harmonie avec notre corps que, de nouveau unis au moi corporel dont nous avions été aliénés, nous nous trouvions maintenant en mesure de modifier ses mouvements.

Je raconte cet épisode et les idées de Tinbergen parce que, immédiatement après cette expérience de libération, un mécontentement général éclata dans le groupe du séminaire. Les participants devinrent critiques à l'égard de Feldenkrais, le prenant comme cible de leur colère et de leur agressivité. C'était comme si cette soudaine libération engendrait de l'inquiétude et même de l'anxiété.

Chose troublante : l'adaptation nous oblige à vivre, malgré nous, selon la volonté d'autres personnes. Mais le véritable danger réside dans le fait qu'au moment où nous vivons, pour ainsi dire, *au-delà* des limites de notre corps, nous commençons à *craindre la liberté* qui nous est révélée brusquement grâce à la brèche ouverte dans notre conscience de soi originelle. Bien que nous aspirions tous à la liberté, nous sommes en même temps, et de maintes façons, dépendants du pouvoir, désirant être reconnus et loués par ceux-là mêmes qui le détiennent. Cela nous condamne à quêter perpétuellement l'approbation d'un entourage qui, précisément, conteste nos besoins réels.

Comme nous l'avons déjà mentionné, nous apprenons, dès notre jeune âge, à nous plier aux demandes de ceux dont « l'amour » nous rend dépendants. Sans y réfléchir, nous avons appris à *identifier la liberté à la désobéissance.* Voilà pourquoi, ainsi que le montre ce séminaire de Feldenkrais, un brusque sentiment de liberté déclenche l'anxiété et la peur. C'est là, sans doute, que l'observation de Proust, selon laquelle nous avons besoin de voir nos souffrances apaisées par ceux qui nous ont fait souffrir, trouve sa source. Si les parents voient dans la vitalité et la joie de vivre de leurs tout-petits quelque chose de troublant, voire de menaçant, les enfants auront tôt fait d'éprouver un malaise et de l'anxiété.

Erich Fromm a écrit que les gens ont tendance à fuir la liberté politique – liberté qui, selon lui, implique la responsabilité. Il me semble, cependant, que la peur qui compromet notre chance d'être libres remonte au malaise et à l'anxiété de notre prime enfance, qui ont fait de notre vitalité et de notre joie de vivre des ennemies. Autrement dit, c'est notre propre moi qui devient un ennemi. Nous essayons de fuir la responsabilité parce que nous avons une peur profonde de posséder un moi bien à nous. Nous ne nous sentons pas menacés par des responsabilités abstraites, mais bien par la responsabilité de devenir nous-mêmes. Notre vitalité, comme celle des autres, nous effraie, et si elle crève quand même la surface, nous réagissons avec rage et nous nous tournons contre notre propre liberté. C'est à la vitalité elle-même que nous nous opposons.

La leçon de notre enfance nous dit que seul le pouvoir initialement déposé entre les mains de nos parents nous permet d'échapper à l'impuissance que nous méprisons. Il devient le moyen exemplaire susceptible de nous débarrasser des sentiments qu'engendrent nos insuffisances. Mais la liberté prend alors un sens différent même s'il demeure inexprimé. Elle permet alors de nous délivrer de nos besoins; elle ne nous permet pas de vivre en harmonie avec eux. Ainsi le désir d'être libre est perverti en une lutte pour le pouvoir, c'est-à-dire en un combat pour maîtriser les choses hors de notre moi, qui, lui, est rejeté. La possession des choses et des êtres vivants – c'est ce que les voix de notre culture nous susurrent – nous apportera la sécurité. En fait, les nombreux besoins artificiels qui naissent alors ne nous sépareront que davantage de notre véritable moi.

Malheureusement, la rébellion ne garantit pas que cette leçon sera modifiée. L'identification au pouvoir comme moyen d'acquérir la liberté nous attache aux oppresseurs [10]. Nous sommes abîmés de la même manière que nos parents l'ont été avant nous et que la société que nous combattons. Nous nions nos véritables besoins, nous sommes effrayés par notre propre moi. Dans *Le Temps des assassins* (1956), une étude sur la grandeur et l'échec de Rimbaud, Henry Miller écrit que la liberté à laquelle Rimbaud aspirait impliquait l'affirmation débridée du moi. Cette affirmation sans limites recouvre une image faussée de ce à quoi nous avons été soumis, et de la manière dont un pouvoir sans scrupules a pu réprimer nos aspirations à l'autonomie. Lui ou elle ignore les droits de l'individualité des autres, mais, cette fois, sous prétexte d'affirmer sa liberté. « Cela, écrit Miller, n'est pas la liberté... Elle n'aidera jamais personne à trouver un lien, une communion, avec l'ensemble de l'humanité. » La raison en est que cette sorte de gens ont été lésés dans leur capacité de sentir. Rimbaud était le rejeton d'une mère froide et cruelle qui se refusait à reconnaître sa véritable nature. Elle était effrayée par sa vitalité et son ardeur (lorsqu'il était encore un enfant). Et lui, bien que souhaitant « tout voir, tout sentir, tout épuiser, tout explorer, tout dire », n'aspirait, en définitive, qu'à obtenir son approbation. Malgré sa rébellion, il a capitulé devant sa froideur et devant la peur que lui inspirait sa vitalité.

C'est là que réside le véritable traumatisme de notre génération. Elle souhaite un monde meilleur, plus humain, mais ne se rend pas compte que c'est sa propre humanité blessée qui s'oppose à ce qu'elle atteigne ce but. Pour reprendre les mots de Miller : « Tout cela n'a pour moi qu'une seule signification : nous sommes tous liés encore à notre mère. Notre révolte à tous n'est que de la poudre aux yeux, une tentative frénétique de cacher cette dépendance [11]. » Si nous sommes séparés de nos besoins, tout devient un combat. Nous redoutons tout ce qui pourrait nous lier à notre prochain. Aussi quémandons-nous des choses de ceux qui ne peuvent rien nous donner. Nous leur adressons des demandes sans nous rendre compte que nous camouflons ainsi notre dépendance. Et tout comme ceux que nous combattons, nous faisons de la violence, dans ses multiples manifestations, le centre de notre existence.

Dans *Terror of Love* (1977), Bommie Baumann décrit comment il a quitté le mouvement terroriste allemand lorsqu'il a compris que le terrorisme lui-même est une tentative d'échapper au besoin d'amour. Contrairement à ses compagnons, il était issu de la classe ouvrière, ce qui explique peut-être pourquoi il n'était pas aussi radicalement coupé de ses sentiments que ses camarades petits-bourgeois. Néanmoins, Baumann et ses compagnons confondaient inconsciemment dépendance et amour. De cette manière, ils devaient contester jour après jour leur dépendance cachée à l'égard de leurs parents. Leur impatient « Je veux tout et tout de suite » leur servait à nier cette dépendance. Ils utilisaient leur idéologie pour masquer leur impatience [12], qui n'était qu'une sorte de revanche sur leurs parents : des parents qui avaient donné à leurs fils et à leurs filles tout, sauf l'amour dont ils avaient besoin. Les enfants ont été gâtés afin que leurs parents puissent affermir une fausse image d'eux-mêmes. Leur rébellion impatiente témoignait, à leur insu, d'une dépendance fondée sur le postulat inavoué que le monde leur devait l'accomplissement d'un désir vague, persistant et inexprimable. Ils étaient incapables de reconnaître ce qui les liait à ceux contre lesquels ils se révoltaient d'une manière si véhémente – une dépendance secrète et mutuelle. Ainsi pouvaient-ils demeurer fidèles et obéissants aux pulsions de la violence. (Bien entendu, je parle ici de la rébellion en général et non pas des révolutionnaires qui ont transcendé à la fois leurs liens avec l'autorité et leur désir de dominer les autres.)

Comment l'obéissance remplace l'autonomie et conduit à la déshumanisation

Que la complaisance à l'égard du pouvoir et de l'autorité conduit généralement à la négation de ses propres sentiments humains a été démontré aussi par la célèbre expérience de Milgram, effectuée en 1963 dans le cadre de l'université de Yale. Ceux qui y participaient – des membres de la bourgeoisie moyenne résidant à New Haven – étaient invités à infliger à d'autres participants des chocs électriques douloureux. Ils obéissaient ainsi aux autorités scientifiques qui prétendaient que les chocs seraient bénéfiques pour ceux qui les recevaient, dans la mesure où ils les aidaient à apprendre une série d'exercices.

A l'exception de quelques sujets qui, s'apercevant des aspects sadiques de l'expérience, refusèrent tout bonnement de la continuer, tous les autres s'y prêtèrent en obéissant aux ordres d'administrer des chocs d'une intensité croissante. Le responsable de l'expérience, accepté sans réserve comme une autorité scientifique par la plupart des participants, leur disait : « Appuyez sur le levier, administrez le choc, cela leur fera du bien », et les sujets du test administraient les chocs, même quand ceux qui les recevaient (des comédiens professionnels) criaient, avaient des réflexes convulsifs ou faisaient semblant de s'évanouir. Ils surmontaient simplement leur empathie naturelle, dont les protocoles et rapports d'expérience montraient qu'elle était présente, puisque la majorité des sujets manifestaient des symptômes psychosomatiques pendant l'opération : ils transpiraient, commençaient à trembler, bégayaient, se mordaient les lèvres, cédaient à des accès de rire nerveux. Les protocoles rendaient cependant évident le fait que les sujets du test avaient chassé de leur conscience leurs réactions personnelles à la souffrance de leurs victimes expérimentales.

Voilà donc jusqu'à quel point le processus d'adaptation que nous trouvons partout peut supprimer notre humanité. Cependant, lorsqu'une personne manifeste quand même le besoin de rester humaine sous la forme, par exemple, de désordres psychosomatiques ou, comme on les appelle encore, névrotiques, elle nous permet d'explorer le mécanisme interne de ce processus.

Un patient, dont la sensibilité à ses besoins personnels et réels lui pesait parce qu'elle interférait avec ses capacités d'adaptation, décrit sa situation comme suit : « Ma sensibilité ne me conduit nulle part... elle est tout juste un poids... Cet homme (il parlait d'un industriel qu'il admirait et qu'il avait rencontré pendant les vacances) joue au tennis et se bâtit un empire. Qu'importe s'il n'éprouve aucune émotion! J'ai l'impression qu'il ne sait même pas ce qu'est un mal d'estomac. Oui, je l'admire parce que son but dans la vie n'est pas de souffrir de sa sensibilité mais plutôt d'être insensible... Lui et ceux qui lui ressemblent n'ont pas à s'inquiéter du tout de la *réalité.* »

Cet exemple montre que de nombreux patients entrent en thérapie non pas pour préserver leur sensibilité d'hommes, qu'ils perçoivent comme « une entrave », mais pour se débarrasser d'elle. La manière dont le complexe d'Œdipe est traité au cours d'une analyse masque le fait que le thérapeute collabore souvent avec le patient pour que ce but soit atteint. Une analyse, qui ne confronte pas les patients avec leur propre impuissance et la trahison de leur autonomie qui s'ensuit, cache la source véritable de la situation œdipienne, qui réside dans l'oppression des femmes et la tentative des patients d'obtenir de l'importance et du pouvoir aux dépens de leurs enfants (Gruen, 1969; Sampson, 1966). Dans cette mentalité possessive, l'utilisation des enfants comme des pions dans le combat des parents pour le pouvoir engendre les sentiments de culpabilité œdipiens. Si les psychanalystes libèrent leurs patients de ces sentiments sans toucher au traumatisme plus profond de l'enfance qu'ils impliquent – l'affaiblissement de la nature fondamentalement empathique (autonome) de l'enfant –, il en émergera une personnalité dont la quête de pouvoir ne rencontrera plus aucun obstacle.

Le cas du patient dont il est question plus haut illustre clairement ce qu'est un moi exigeant le pouvoir. Il voudrait avoir le pouvoir qui lui permettrait d'échapper à soi-même autant qu'aux autres sentiments et besoins. C'est l'idée qu'il se fait de la liberté (ce qui est, tacitement, celle de la société tout entière) : ne pas avoir à se soucier de la *réalité*. Il a exprimé clairement ce qui nous est suggéré tous les jours par les paroles, ou, implicitement, par les agissements de ceux qui établissent les modèles sociaux autour de nous.

La conclusion évidente qu'il faut en tirer c'est que, dans notre société, ne sont pas faibles ceux qui souffrent, mais ceux qui craignent de souffrir. En fait, les plus faibles se révèlent être ceux qui se sont le mieux adaptés à la société. Pour cacher cela, les « bien adaptés » ont propagé pendant des millénaires le mythe que la sensibilité équivaut à la faiblesse. Ils essaient d'échapper à toute douleur et à toute souffrance par un clivage de leur conscience; ils perpétuent une vue faussée de la réalité, fondée sur l'idéologie du pouvoir et de la domination.

Dans son ouvrage *Stilwell and The American Experience in China* (1971) *, l'historienne Barbara Tuchman rapporte une conversation de Mme Chiang Kaï-shek avec ses amis. Le pouvoir avait été le facteur déterminant de la vie de Mme Chiang. Lorsque ses amis lui parlèrent, en fait, de l'intégrité, de l'idéalisme, du sacrifice de soi des révolutionnaires chinois autour de Mao Tsé-toung dans la province de Hu-nan des années quarante, elle émit un jugement que Tuchman caractérise dans son livre comme l'un des plus affligeants qu'elle eût jamais entendus : « Si ce que vous me dites d'eux est vrai, alors c'est qu'ils n'ont jamais connu le *véritable* pouvoir » (p. 185). Voilà comment une personne qui a dû trahir son humanité dans l'intérêt du pouvoir exprime sa souffrance, ne fût-ce que pendant un seul moment de conscience. Mme Chiang a compris que le pouvoir tue les idéaux.

Le cas suivant, rapporté par le *New York Times* du 7 février 1968, nous montre à quel point les gens peuvent désespérer lorsque, après avoir essayé de vivre toute leur vie en obéissant au mensonge du pouvoir, ils commencent enfin à résister.

> *Phoenix, Arizona – 6 février (AP) :* Linda... s'est suicidée, nous ont dit aujourd'hui des policiers, plutôt que de faire payer à son chien Beauty la nuit qu'elle avait passée avec un homme marié.
>
> « Je l'ai tuée. Je l'ai tuée. C'est comme si je l'avais tuée de ma propre main », s'est exclamé, selon les dires d'un agent, le père accablé de douleur.
>
> « Je lui ai confié le pistolet. Je ne pensais pas qu'elle ferait ce qu'elle a fait... » Linda n'était pas rentrée d'un bal qui avait eu lieu à Tempe vendredi soir. Le samedi

---

* *Stilwell et l'expérience américaine en Chine.*

elle avait avoué avoir passé la nuit avec un lieutenant d'aviation.

Les parents décidèrent alors de lui infliger une punition qui la « mettrait d'aplomb ». Ils lui ordonnèrent de tuer le chien qui lui appartenait depuis deux ans.

Le dimanche les (parents) et Linda emmenèrent le chien dans un lieu désert près de leur domicile. Ils obligèrent la jeune fille à creuser une petite tombe. Ensuite (la mère) immobilisa le chien et (le père) donna à sa fille un pistolet de calibre 22 et lui dit d'abattre le chien.

Au lieu de quoi la jeune fille appliqua le pistolet sur sa tempe droite et se tua elle-même.

Autonomie et adaptation

Le moi embryonnaire des schizophrènes est l'expression hautement paradoxale d'une tendance à l'autonomie – qui opère clandestinement pour ainsi dire. Cependant, si cette tendance a été anéantie – fût-ce avec l'assentiment de la victime –, nous trouverons à la place de l'autonomie souterraine des schizophrènes la tentative d'acquérir de la force grâce à une identification totale à l'autorité oppressive [13]. Un comportement d'adaptation de ce genre crée l'image de la *normalité.* Il n'y aura pas de combat pour la réalisation de soi. Et comme l'identification au pouvoir devient le but ultime du développement personnel au lieu de servir de point de passage vers sa propre individualité, le processus de socialisation sera fondé inévitablement sur la répression et la sublimation.

Si l'émergence d'un degré suffisant d'autonomie est bloquée, c'est un sentiment sous-jacent de rage – à la fois alimenté et caché par la dissociation d'avec le sentiment croissant d'impuissance – qui fournira les paramètres du développement de l'individu. La description par Sigmund Freud du processus de socialisation trouve ici son application : nous sommes en présence de gens qui se haïssent eux-mêmes parce qu'ils n'ont pas pu se réconcilier avec leur impuissance. Ils se sentent menacés par ce sentiment d'impuissance même, et non pas par ceux qui l'ont suscité ou renforcé. D'où leur rage sans limites. Ils se sentent si menacés par leur sentiment d'impuissance qui les a fait se sentir rejetés et méprisés qu'ils le refoulent, tout en intériorisant en même temps le dédain pour leurs oppresseurs. C'est ainsi qu'ils trahissent leur moi. La haine camouflée de soi et de tous les autres – à l'exception de ceux dont l'inhumanité leur donne l'impression d'être *forts* – devient la force motrice de leur vie. Pour de telles personnes, la socialisation est nécessairement un processus de répression.

Une autre voie nous est indiquée par les « échecs » sociaux – les schizophrènes, les non-performants, les enfants et adolescents rebelles que nous traitons en parias. Leur désespoir est une réponse à l'amour hypocrite que nous leur offrons. Un amour à travers lequel nous cherchons une auto-estime établie non pas sur cette partie de nous-mêmes qui est vraiment vivante, mais sur l'affirmation de notre pouvoir et de notre importance. On peut trouver une illustration du processus opposé dans le drame de Sophocle, *Philoctète.* Dans cette œuvre, le jeune Néoptolème apporte une aide qui part du cœur à un Philoctète déchu, puant et couvert de pustules, et réussit ainsi à le ramener dans la société des hommes. Dans son étude critique, *The Wound and The Bow,* Edmund Wilson souligne qu'Ulysse peut s'approprier la force surhumaine d'un Philoctète malade en acquérant son arc sans avoir à reconnaître son statut d'être humain. Pour Néoptolème, chargé de l'action manipulatrice, un tel agissement est contraire aux lois de la nature. Car, comme le note Wilson, « il est assez candide et assez humain pour traiter Philoctète non pas comme un monstre, ni comme quelqu'un doué de propriétés magiques exploitables, mais tout simplement comme un autre homme dont les souffrances éveillent sa sympathie... Il vainc donc l'obstination de Philoctète et ainsi le guérit et le libère » (pp. 241-242).

C'est seulement en nous abstenant de traiter ceux qui nous appellent à l'aide comme des objets nous appartenant, ou de les utiliser pour rehausser notre estime de nous-mêmes; c'est seulement en les approchant comme des êtres humains, non pas pour exercer sur eux notre pouvoir, mais parce que leurs peines éveillent notre sympathie ou leur courage notre admiration; c'est seulement si nous assumons le risque de reconnaître qu'ils participent de la même humanité que la nôtre – c'est seulement alors que nous saurons leur ouvrir la voie de l'autonomie, tout spécialement dans le cas des schizophrènes ou des enfants qui pleurent.

Mieux encore : plus nous serons avertis en ces matières, et plus nous résisterons avec succès à la pression qui s'exerce sur nous de toutes parts pour nous faire douter de nos propres émotions et nous faire honte de nos qualités humaines. C'est en quoi réside le sens même de l'affermissement de notre conscience : devenir capables de lutter en faveur de notre propre réalité, face à la pression générale qui nous demande de nous conformer à une « réalité » faussée et amoindrie.

II

L'ABSTRACTION :
Son rôle dans l'appauvrissement et l'altération de l'expérience humaine

L'un des facteurs qui suscitent et perpétuent le clivage du moi, aussi bien que la violence dans notre vie, est l'abstraction. C'est, en partie, la surévaluation de notre intelligence qui nous a fait glorifier la pensée abstraite, au détriment de la passion, de l'enthousiasme, de l'esprit d'ouverture. Sören Kierkegaard a noté en 1846 que, lorsque l'intelligence est surestimée à un tel degré, elle transforme la réalité en idées qui alors prennent sa place. Cette transformation fait naître une situation dans laquelle les idées, fondées uniquement sur la logique de leurs interconnexions, prétendent maintenant à une sorte de « réalité plus haute » qui peut se trouver fort éloignée des circonstances que ces idées étaient censées refléter à l'origine.

Il en résulte que notre vie peut être déterminée par une sorte de logique qui se réfère peu à la réalité des passions, de l'enthousiasme et de l'esprit d'ouverture humains. Ainsi, dans *L'Époque présente* (1962), Kierkegaard écrivait que le processus d'abstraction « transforme les tâches réelles en des tours de passe-passe irréels et la réalité en un jeu ». Les conséquences sont destructrices pour notre pensée et pour notre potentiel d'êtres humains, car l'abstraction est admirablement douée pour filtrer nos sentiments. Cela fait de l'abstraction elle-même un instrument de notre pouvoir destructeur et aussi de son déni. Si des idées sont substituées à des situations réelles, sans égard pour nos véritables motivations et besoins, nous n'accédons plus à ces motivations et à ces besoins. Dès lors, notre monde devient un monde appauvri et limité, sans même que nous nous en rendions compte. Mais un champ de perception réduit – même s'il peut être considéré comme scientifique et nous procurer, à court terme, une capacité de contrôle et le succès – aura inévitablement un effet destructeur.

D'une part, alors, l'abstraction peut engendrer la destructivité et, de l'autre, elle peut servir à nier cette destructivité qui se développe inévitablement en chacun de nous et tout spécialement chez ceux qui se sont aliénés d'eux-mêmes et de leurs émotions. Nous pouvons, par exemple, nous faire les avocats du « progrès », sans réaliser nécessairement que nous pouvons partager la responsabilité de la destruction de l'environnement ou de la mort d'autres êtres. La logique de l'abstraction nous permet de séparer notre engagement personnel des conséquences de notre position. Après tout, on agit au nom du « progrès », de la « défense de la paix », etc. L'abstraction favorise la dépersonnalisation, permet d'écarter des sentiments embarrassants ou pénibles. Et pendant que la société déclare que lutter pour un tel progrès en vaut la peine, et stigmatise celui qui le met en question comme suspect – comme un traître au progrès –, l'idéologie que cela recouvre cache notre rupture intérieure. Ainsi, la réalité devient un jeu vicieux : ce qu'on fait vraiment aux autres ne compte guère.

Nous en trouvons les effets partout. L'oppression

des femmes et l'appauvrissement psychique des hommes en sont des exemples patents, même si nous attribuons l'antagonisme entre les sexes aux instincts! En fait, les hommes se voient eux-mêmes et voient les femmes *en termes abstraits.* Ils s'accrochent à une philosophie qui proclame la nécessité de la force, de la domination et du pouvoir, plutôt que le respect de la véritable réalité de l'autre personne. Dans notre culture, la crainte d'être impuissant, faible, vulnérable constitue un trait fondamental du comportement masculin. Le mâle ne peut admettre qu'il puisse éprouver une telle crainte, car sa philosophie prêche l'héroïsme. Même si l'héroïsme lui paraît, en ce qui le concerne, inaccessible, il demeure le critère suprême de la valeur. En tout cas, son estime de soi reste fondée sur l'image de son importance (en d'autres mots, sur son pouvoir réel ou même imaginaire) et demande à être confirmée par l'admiration des autres. Et c'est là que l'abstraction de la « femme » lui vient en aide. En effet, vu son infériorité supposée ou tout au moins sa position inférieure, l'homme lui assigne comme tâche de bâtir et de consolider son image de soi en reconnaissant sa « force » et sa « position supérieure ».

Nous pouvons apprendre beaucoup, au sujet de ces concepts abstraits qui gouvernent nos actions, de ces femmes qui ne les acceptent pas. Dans son roman *L'Arc-en-ciel* (1939) écrit en 1915, D.H. Lawrence peint le portrait d'une telle femme en la personne de la jeune institutrice Winifred Inger, qui dit :

> Les hommes font des embarras et parlent beaucoup, mais sont vraiment ineptes. Ils font tout rentrer dans une vieille idée périmée. L'amour est une idée inexistante pour eux. Ils ne viennent pas vers vous pour vous aimer, ils viennent avec une idée et ils se disent : « Vous cor-

respondez à mon idée »; ainsi s'embarrassent-ils eux-mêmes. Comme si j'étais l'idée de n'importe quel homme! Comme si j'existais uniquement parce qu'un homme se fait une idée de moi! Comme si j'avais l'intention d'être trahie par lui, de lui prêter mon corps comme un instrument pour expérimenter son idée, comme un simple appareil pour sa théorie périmée!... Ils ne savent pas *prendre* une femme. Ils recherchent la manifestation de leur idée et la prennent. Ils sont semblables à des serpents qui essaieraient de s'avaler eux-mêmes parce qu'ils ont faim (p. 362).

L'abstraction fait de nous des hommes irréels, et l'amour que nous cherchons avec tant de frénésie demeure hors de notre portée. Au lieu de chercher une véritable intimité, nous sollicitons de la femme, avec insistance, l'admiration. Le produit de ce renforcement mutuel de l'image de soi est appelé réalité. Mais, de cette manière, ni l'homme ni la femme ne touche l'un l'autre véritablement; nous demeurons invulnérables mais, malheureusement, également vides et insatisfaits. Et ce vide engendre la peur, la peur la colère, et la colère l'agression; il nous enferme toujours davantage dans une sorte de comportement abstrait qui aggrave le clivage qui nous sépare de nos sentiments.

Beaucoup de femmes se prêtent à ce jeu. Elles voient dans le pouvoir de l'homme une valeur indiscutable. D'une part, elles acceptent ses fantasmes, lui procurant ainsi l'affirmation de soi qu'il cherche, et, d'autre part, elles exercent le « pouvoir » pour elles-mêmes. Car le sexe de la femme peut devenir le moyen de posséder l'homme et d'accéder à ses pouvoirs mythifiés. Il est évident qu'il s'agit là d'un acte destructeur et non pas d'amour. En fait, ces femmes cherchent une revanche cachée en infléchissant le destin de l'homme : elles le forcent à se comporter toujours, et quelles que soient les circonstances, en « héros ».

Dans son roman *Femmes amoureuses* (1960), écrit en 1920, D.H. Lawrence illustre une fois encore cette situation à travers le personnage de Gudrun et de ses relations avec Gerald, le puissant industriel :

> Elle l'embrassa, bien que sa passion eût une peur transcendante de l'être mystérieux qu'il était; elle toucha son visage de ses doigts infiniment délicats, curieux, émerveillés. Ils suivaient les contours de son visage et dessinaient ses traits. Comme il était parfait et étranger à elle! Ah! qu'il était dangereux!... Elle l'embrassa, posa ses doigts sur son visage, ses yeux, ses narines... afin de le connaître, de le posséder par le toucher... Il était un ennemi ineffable qui brillait d'un étrange feu blanc... Ah, si elle pouvait avoir ce précieux *savoir* le concernant, elle serait comblée et rien ne pourrait l'en déposséder... Ses doigts le tenaient en leur pouvoir. L'insondable, l'insondable désir qu'ils pouvaient évoquer en lui était plus profond que la mort où il n'y a pas à choisir (pp. 478-479).

Lawrence savait que de telles femmes – exactement comme les hommes dont elles sont la création – ne voient pas les membres de l'autre sexe comme des individus, mais comme des abstractions du pouvoir qu'il s'agit de posséder. La description des caresses de Gudrun, qui, tout en surgissant d'un besoin sexuel, sont animées par la haine, a quelque chose de fascinant : elle montre une perception aiguë de cet amour inconscient pour ce qui peut devenir mortel, un amour qui tire son origine de la dépendance de l'enfant d'une mère froide et qui parfois le rejette.

L'évolution historique

Paradoxalement, c'est le développement de la science elle-même qui a engendré cette situation. Un climat intellectuel a été créé, qui postule que la réalité du monde peut être parfaitement appréhendée à l'aide des seules notions abstraites. Celles-ci n'ont-elles pas conditionné avec succès les progrès de la science? Dans ce contexte, le processus intellectuel de l'abstraction a été généralisé et glorifié. On en est arrivé à ce que la mise en cause de sa validité soit assimilée à une trahison à l'égard de l'idéal du progrès humain (voir Whitehead, 1925). La vision du monde qui commença à s'imposer au dix-septième siècle assumait, sans complexes, que tout ce qui est réel peut être décrit par les méthodes élaborées par la science. Ce qui ne pouvait pas être saisi par cette approche, comme notre nature morale ou notre conscience existentielle, était tout simplement exclu de l'observation « scientifique ». En 1927, le mathématicien J.W.N. Sullivan souligna dans *Beethoven* (1960) que la science demeurait « perpétuellement à l'intérieur de son propre domaine grâce à des définitions cycliques », créant ainsi un climat mental qui permettait « seulement à certaines croissances d'arriver à maturité, toutes les autres étant entravées et s'étiolant » (p. 14). Ainsi le clivage entre l'intelligence et la sensibilité recevait une consécration culturelle.

La cassure de notre monde sensible qui en résulte est toujours présente et empêche de plus en plus de gens d'utiliser leur intelligence pour ramener à la lumière leurs émotions profondes. Dans les sciences sociales notamment – et cela malgré leur apparent intérêt pour les contenus de nos expériences sensibles –, le processus d'abstraction comme moyen de nous séparer de nous-mêmes a été progressivement institutionnalisé. Sous prétexte que leur méthodologie ne peut traiter ce genre d'expériences profondes, elles les négligent purement et simplement. Dans *The Measure of Man* (1962), Joseph Wood Krutch nous dit ceci : « ... observer le comportement humain et animal comme s'il était d'essence mécanique, c'est le rendre inévitablement tel; ... commencer par l'affirmation : nous ne pouvons pas nous occuper d'une manière convenable de la conscience, et c'est pourquoi nous sommes autorisés à l'ignorer, c'est promouvoir une confusion déjà à l'œuvre. Elle décrète que tout ce qui échappe à une méthode donnée n'existe simplement pas » (p. 164).

Dans les sciences sociales, la primauté de la méthodologie a entraîné une identification de la méthode à la science elle-même. Les limites qu'une telle méthodologie impose reflètent d'une manière non critique les paramètres qui définissent ce qui doit et ce qui ne doit pas être considéré comme scientifique. Tout ce qui, dans l'expérience humaine, ne relève pas d'une méthodologie est alors rejeté comme non existant. Voilà comment un décret lapidaire réduit les dimensions de notre expérience. Aussi, un B.F. Skinner (1971) peut-il les réduire à une affaire d'*input* et d'*output* d'ordinateur, qui ne laisse aucune place à la liberté et à la dignité. Une ironie immanente fait que cette simplification et cette réduction de l'expérience humaine créent leur propre validité. En définissant à l'avance ce qui est significatif, nous n'avons plus à nous occuper de ce qui a lieu effectivement. Car il est en effet possible de réduire les êtres humains et les animaux à certains modèles de comportement et, à partir de là, prédire ces comportements « scientifiquement ». Cela nous ramène aux recherches de Kavanau, que nous avons citées plus haut. Ce qui, en réalité, est une tentative d'atteindre l'autonomie devient aux yeux d'un savant comme Skinner une « erreur ». La méthode prédétermine le résultat!

A ce propos, il est intéressant de citer la baronne danoise Karen Blixen. Dans son ouvrage autobiographique *La Ferme africaine* (1937) – écrit sous le pseudonyme d'Isak Dinesen –, elle évoque un savant allemand qui se plaint devant elle du « primitivisme » des indigènes africains qu'il utilisait dans une expérience. Pour obtenir des résultats incontestables, il souhaitait systématiser leur comportement, mais ils résistaient fortement à toute tentative de standardisation. Ils réagissaient exactement comme la souris dans l'expérience de Kavanau : par un comportement « erroné », ils introduisaient un peu d'imprévu dans le monde de la recherche scientifique par ailleurs d'une monotonie insupportable. Leur façon de se conduire était truffée de ce genre d'« erreurs ». Aussi, du point de vue du savant allemand, étaient-ils « stupides ». Blixen en arrive, elle, à la conclusion suivante : « Je pensais souvent que la pédanterie était ce qui les effrayait le plus chez les Blancs. Entre les mains d'un pédant, ils meurent d'ennui » (p. 26).

Un homme de science d'une trempe tout à fait différente, le prix Nobel George Wald, a évoqué une rencontre (1969) à la fois caractéristique et affligeante avec l'un de ses collègues du département de psychologie de Harvard : « Un jour, il m'a dit, avec une expression rayonnante : “ Donnez-nous des spécifications et nous vous trouvons l'homme. ” Je crains d'avoir un peu perdu le contrôle de moi-même et ma première réplique a été : “ Je ne le ferai pas, si je peux vous fusiller d’abord. ” Cela semble l’avoir irrité. » (Le professeur Skinner et son laboratoire avaient, eux aussi, leur siège à Harvard.)

La vision de la vie des sciences sociales d’aujourd’hui risque de ne plus correspondre à notre expérience humaine commune. Elle nous rend également difficile de nous connaître nous-mêmes, car, dans ces disciplines, n’ont cours que des approches socialement acceptables. La divergence entre ce qui est socialement acceptable comme expérience et ce que nous éprouvons vraiment obstrue la prise de conscience de nos sentiments.

Un exemple

Regardons de plus près l’expérience relevant de la psychologie sociale de Latané et Darley, souvent citée, et qui a obtenu, en 1968, le prix de l’Association pour l’avancement de la science réservé à cette discipline. J’attire l’attention sur cette expérience particulière, compte tenu de la prestigieuse récompense qu’elle a reçue. Car cette sorte de reconnaissance met en lumière l’esprit de la psychologie officielle qui, malgré toute la rhétorique au sujet du progrès humain, semble légitimer, en fait, le clivage de soi, l’aliénation, la déshumanisation.

Le projet de recherche sur l’apathie des témoins oculaires a été lancé après le meurtre commis par un malade mental sur la personne d’une assistante sociale, Kitty Genovese, lors d’une nuit du mois de mars 1964, à Queens, New York. Au moins trente-huit de ses voisins furent les témoins du crime. Aucun d’entre eux n'était venu en aide à la femme blessée – bien que l'assassin eût mis une demi-heure à l'achever – ni n'avait appelé la police.

Les chercheurs ne pensaient pas que l'indifférence, la dureté morale, la déshumanisation ou la perte de toute sollicitude à l'égard du prochain pouvaient rendre compte de cet événement horrible. Ils traitèrent avec mépris les « prêcheurs, professeurs et autres faiseurs de sermons », qui voyaient, dans le refus de se porter au secours d'une personne en proie à une terreur et à une détresse mortelles, un manquement moral. Ils pensaient définir les dimensions « réelles » de ce qui était advenu en déclarant « qu'une intervention en cas d'urgence offrait peu de gratifications... Face à une situation qui ne laisse espérer aucun bénéfice... il serait plutôt surprenant que quelqu'un intervienne ».

En partant de l'idée que nous fonctionnons comme des machines, selon le schéma de l'*input/output* et celui des récompenses concrètes immédiates (financières ou valorisant notre statut), les auteurs sont incapables d'admettre des dimensions qui transcendent ce genre de comportement. Dans leurs analyses ces dimensions disparaissent complètement et certains comportements humains sont grandement faussés, quand ils ne sont pas carrément niés. En fait, les gens répondent spontanément à la terreur et à la détresse des autres, car nous sommes tous prédisposés à l'empathie et à la sympathie. Et ceux qui, dans ce domaine, ont le plus accès à leur propre sensibilité ne pensent pas vivre en passant outre à ce penchant. Les deux chercheurs ont mis sur pied des situations expérimentales complexes pour tester la relation entre la présence fortuite des témoins et le degré auquel un individu réagit à la détresse d'un autre. Ils ont trouvé, affirment-ils, que les gens sont moins prêts à offrir leur assistance quand d'autres témoins sont présents.

Leur méthode d'investigation met surtout l'accent sur la distance variable entre le spectateur et la personne en danger, ce qui permet, évidemment, de « voir » et de « mesurer » les distances respectives. Mais ce procédé ne couvre pas le champ transcendant de l'expérience intérieure et n'explique pas pourquoi et comment des êtres humains choisissent de fuir la voix de leur propre humanité. Comme, dans cette méthode, seul compte ce qui est mesurable, bien entendu rien n'a été perdu de vue! Dès lors que le cadre de l'expérimentation se réduit à un seul élément éminemment concret – l'espace qui sépare les gens présents –, on décrète que tout le reste n'existe pas. Les mesures fournissent de nombreuses données qui peuvent être traitées mathématiquement. On voit ainsi notre conscience dominée par des facteurs strictement *externes* et tout un monde *intérieur* disparaît.

Attardons-nous un peu sur quelques résultats que les chercheurs ont délibérément ignorés, mais qui sont néanmoins révélateurs. Par exemple, leurs tableaux montrent qu'un nombre considérable de gens se sont portés au secours des victimes, mais, comme leur comportement s'écartait de celui de la majorité des sujets, le traitement statistique les a ignorés. Parce que Latané et Darley n'avaient pas considéré leurs réactions comme statistiquement significatives, ils les ont tout simplement négligées... C'est la *méthode* qui décrète quels faits doivent être pris en compte, non la *réalité*. Plus important encore est le constat qu'un grand nombre de sujets qui n'avaient pas prêté aide à la victime (en d'autres mots, des sujets sur lesquels s'appuie la « preuve » statistique de nos chercheurs) avaient manifesté de forts symptômes psychosomatiques. Je cite : « Beaucoup d'entre eux montrèrent des signes physiques de nervosité, ils avaient souvent les mains qui tremblaient et les paumes moites » (p. 264).

Que nous apprennent ces symptômes que les auteurs enregistrent mais qu'ils passent ensuite sous silence? Ils nous montrent clairement que les gens qui, face à la détresse d'autrui, ignorent les exigences de leur propre humanité ne peuvent échapper aux conséquences somatiques de leur trahison à l'égard du prochain. L'expérience de Milgram, discutée au premier chapitre, nous avait déjà révélé que, lorsque nous fuyons la voix de notre propre humanité et supprimons nos réactions empathiques, elles finissent par s'exprimer à travers le langage du corps sous la forme de symptômes psychosomatiques. Bien que, dans le cas de Kitty Genovese, les chercheurs nous informent au sujet de ces symptômes, ils ne s'y arrêtent pas car, pour des raisons idéologiques, ils s'attachent à sous-estimer le rôle de nos émotions. Ce faisant, ils contribuent à faire prévaloir, dans notre société, la violence et l'agression.

Lorsque nous sommes confrontés à l'impuissance d'une autre personne, mais que nous lui tournons le dos parce que nous la répudions en nous-mêmes, cela fait surgir la haine de soi. Devant l'impuissance de l'autre, notre peur se transforme en colère à l'égard de la victime qui sert de miroir à notre propre moi haïssable et haï. La victime devient responsable de notre propre « faiblesse ». Nous prenons ainsi une revanche sur notre propre humiliation réprimée. Ce mécanisme a une longue préhistoire. Nous y trouvons la raison sous-jacente de notre identification à la violence. Des hommes de science comme Latané et Darley non seulement cachent cette identification mais, ce faisant, ils la renforcent. Ils ne nous permettent pas de découvrir que la véritable source de notre cruauté et de notre dureté réside dans le rejet de notre propre souffrance. Plus notre comportement est inhumain et plus nous répudions notre souffrance, trahissant ainsi ce moi humain qu'on ne nous a jamais permis d'assumer.

En recouvrant certains faits, consciemment ou non, d'un manteau d'ignorance, Latané et Darley se révèlent incapables de nous expliquer *pourquoi* les gens ont le cœur dur. Plus grave encore, ils contestent qu'on puisse ressentir une aversion à l'égard d'un comportement brutal. La psychologie dominante dissimule ici la perversité humaine avec des arguments scientifiques. Même Rudolf Höss, le redouté commandant du camp de la mort d'Auschwitz, n'avait pu échapper complètement à un résidu de sentiments humains. Il évoque une dépression nerveuse qu'il a subie lorsque ces sentiments ont menacé de faire irruption dans sa vie de robot (Rudolf Höss, *Le Commandant d'Auschwitz parle* – Voir aussi Kempinski, 1973).

Les sciences sociales modernes sont en train de rendre la perversité acceptable. Ainsi, les auteurs dont il est question plus haut n'hésitent pas à nous soumettre la conclusion suivante :

« (Lorsque) plusieurs observateurs sont présents... la responsabilité de l'intervention est diluée parmi tous les témoins... Il en résulte que chacun d'eux semble être moins porté à venir en aide. Les facteurs impliqués dans la situation et dus à l'environnement immédiat semblent être d'une importance plus grande pour déterminer la réaction d'un individu, que les vagues concepts culturels ou personnalisés tels que " apathie " ou " aliénation due à l'urbanisation "... Pour mieux comprendre la non-intervention, il est plus important de connaître les relations entre les témoins, que celles entre un témoin et la victime. »

La haine, la haine de soi et le mal comme fuite devant le moi

En niant la question cruciale de la relation entre la victime et celui qui lui vient en aide, Latané et Darley légitiment la *fuite du moi dans un groupe* et faussent ainsi notre appréhension de la réalité. En éliminant la tension entre ce qui est et ce qui devrait être (définie par Marcuse en 1964), ils escamotent des formes essentielles de notre expérience et justifient qu'on se cache derrière un groupe. Le fait que des symptômes somatiques témoignent de la présence de la honte, de la culpabilité, de la lâcheté et d'autres émotions réprimées est tout simplement ignoré. L'objectivité, l'exactitude, les procédés scientifiques sont pervertis de manière à discréditer ou à distordre notre expérience de l'humain. Alors que nos patients souffrent parce qu'ils sont incapables de vivre une vie authentique, ces propagateurs de la dissociation et de la rupture s'appliquent à nier l'existence de la souffrance.

Ce que ce genre de savants modernes sont en train de promouvoir comme une norme du comportement humain est, au fond, une folie dangereuse. De telles normes cachent les causes de nos traumatismes et de notre vulnérabilité. Une humanité diminuée et pervertie est enfermée dans un système astucieux dont le but est de nous imposer une société où un consensus universel nous protégera contre le doute de soi, la peur, les anxiétés. Mais cette tentative échoue, car elle nous inocule une nouvelle maladie. Sous prétexte de s'occuper de nos émotions, cette nouvelle société « scientifique » ne fait que les répudier. Comme l'accès à nos émotions est verrouillé, nous contractons une dureté de cœur encore plus grande. Et un tel manque de sensibilité entraîne toujours une colère et une agressivité intenses.

Dans la mesure où nous perdons notre véritable moi et où les sympathies et la responsabilité à l'égard de notre prochain disparaissent, nous devenons vindicatifs sans même nous en rendre compte. L'agressivité répond à une baisse d'autonomie, même dans les cas où une personne essaie de lutter contre cette déperdition. L'histoire de notre enfance se répète ici; en réprimant les émotions de l'enfant et ses réponses spontanées, les parents rendent celui-ci obéissant. Dans ce cas, l'agressivité est à la fois cachée et intensifiée. La colère de l'enfant est dirigée contre sa propre souffrance et sa joie de vivre, car c'est ce que les parents semblent surtout vouloir réprimer. Il en résulte une première fissure de notre être : le rejet de ce qui aurait pu devenir le fondement de notre autonomie – notre joie de vivre. Et bien que nous ayons été des complices de la répression, cela ne veut pas dire que notre haine de nous-mêmes ait diminué en proportion. Bien au contraire, un processus continu de clivage se met en place, qui sera renforcé par les conventions sociales.

Il faut chercher la source de l'agressivité et de la destructivité dans notre culture, pas dans l'individu. Et tout ce qui renforce la fragmentation de notre personnalité et interdit l'accès à notre monde intérieur contribue à la création et à la croissance de nos penchants destructeurs. Les véritables handicapés de notre culture ne sont pas les malades mentaux, les psychopathes que la société fuit, mais ceux qui veulent nous faire croire à une réalité humaine diminuée. Les malades nous montrent, involontairement, le chemin d'un retour sur soi; les autres barricadent ce chemin avec leurs constructions théoriques peu convaincantes et pseudo-disculpantes.

Si notre refus de venir en aide à notre prochain est traduit en des termes de relations purement géométriques entre les éventuels témoins et la victime, notre capacité de maintenir notre intégrité sera ébranlée. Dès lors, il n'y a plus que deux possibilités : ou nous nous sentirons si gênés, si mal à l'aise que nous souffrirons d'une dépression nerveuse, ou nous aurons à détruire ce qui éveille en nous le malaise. Dans ce dernier cas, les conséquences en sont la cruauté et le sadisme. Tout système policier bâti sur la cruauté et sur la torture exige, grâce à une logique intérieure, que ses fonctionnaires fuient constamment leur propre émotivité. Ils essayent de s'en sortir en devenant de plus en plus cruels à l'égard de leurs victimes. Ce n'est que lorsque la victime cesse de crier et que le tortionnaire abandonne loin derrière lui sa propre souffrance perpétuellement reniée que la torture s'arrête.

La violence et la destructivité que je suis en train de décrire ne sont pas nécessairement une affaire personnelle et physique au sens immédiat du terme. Il n'est pas toujours facile de se rendre compte dans quelles situations et à quel degré nous sommes coupés de nos émotions. Mais le phénomène constitue un assassinat – fût-il échelonné – de notre moi. Le travail de recherche sur l'apathie des témoins que nous venons de discuter est, dans sa conception et par son influence, violent et destructeur. Il accorde tacitement une légitimité à la fusion du moi avec le groupe et traduit ce fait en des termes opérationnels et géométriques; il précipite ainsi la ruine de notre aptitude à penser, à répondre à la réalité, à nous comporter moralement, et même à formuler des jugements moraux.

Le moi diminué

Les gens dont l'expérience intérieure dément le jargon officiel s'écartent de la norme et risquent d'être qualifiés de mentalement handicapés ou perturbés. En revanche, ce sont les êtres humains diminués qu'on nous présente comme normaux. Ce sont ces gens-là qui s'adaptent le mieux (et apparemment sans problèmes) à un monde diminué.

Dans nos contacts quotidiens avec des gens qui fonctionnent « mieux » que nous dans cet univers étriqué, nous pouvons même nous sentir, à l'occasion, leurs inférieurs. Dans son *Journal 1966-1971* (1974), l'écrivain suisse Max Frisch rapporte une conversation qu'il a eue avec un peintre décorateur. Elle nous ouvre les yeux sur cette forme rétrécie de l'existence.

Les deux hommes sont l'un en face de l'autre dans un restaurant, et l'auteur incite son vis-à-vis à parler de lui pendant le repas. Le peintre emploie six apprentis et la conversation roule sur les tarifs pour le travail de nuit, sur les techniques de pulvérisation, les sports, etc.

> Nous en arrivons enfin à ce point : Quel travail vous plaît le plus? Je peindrais plutôt un mur qu'une fenêtre, plutôt des couleurs qui tranchent que ton sur ton. C'est-

à-dire? Il ne comprend pas la question. Rénovations ou bâtiments neufs, que préfère-t-il? Ma foi, on fait les deux, cette nuit justement une rénovation. A-t-il le travail de nuit en horreur? Il faut bien le faire. Puisqu'il est le *boss* et peut donc choisir ce qu'il fait lui-même, je demande : Quelle partie du travail choisissez-vous? J'imagine que passer la couche de fond est ennuyeux, décaper la vieille peinture encore plus ennuyeux. Qu'est-ce qui lui plaît le plus, la peinture au pinceau ou au pistolet? Sa spécialité, dit-il, c'est la laque; il y trouve son compte. Donc retour aux tarifs actuels... Retour à ma question : Qu'est-ce qui vous plaît parfois dans votre métier? Le renseignement qu'il donne : la peinture au pistolet est plus rentable, les rénovations rapportent peu, les tarifs pour les fenêtres sont tout simplement trop bas, en revanche, avec la laque il trouve son compte, finalement, il a aussi une famille, le travail de nuit est rentable. Ma question en passant : Cela ne vous contrarie-t-il pas qu'on vous demande des couleurs qui vont contre votre goût personnel? Naturellement qu'il travaille pour gagner sa vie, cela je le comprends; néanmoins ma question : N'avez-vous pas parfois envie de choisir une autre couleur? On fait des essais et l'on peut se retrouver étonné quand la cage d'escalier est terminée; je veux dire : Êtes-vous curieux de voir l'effet final? Il ne sait pas à quoi riment au juste ces questions continuelles; il m'a dit quel était son revenu. N'auriez-vous pas envie de faire un autre métier? C'est clair : quand un travail ne paie pas, parce que les tarifs sont en partie trop bas, excepté pour la laque qui est sa spécialité, le revenu peut diminuer. Donc la laque vous plaît? Il ne peut pas le dire; la laque est une technique... il faut maintenant qu'il parte, sans me donner la main, sans plaisir... (pp. 50-51).

Il est évident que nos concepts abstraits entravent l'expression spontanée de notre joie de vivre. Mais il serait intéressant de savoir dans quelle mesure notre monde de spécialisation scientifique, tout l'*establishment* scientifique, pratique – peut-être involontairement – cette façon étriquée de vivre et insiste pour que nous l'acceptions.

Non-conformistes et ratés

Ce sont toujours les artistes et les marginaux qui libèrent notre pensée des vues réductrices des idéologies officielles. Le *Non-conformiste* (1956), une étude de Colin Wilson sur les « outsiders » dans le domaine de la littérature, de la peinture et de la danse, interprète leurs accomplissements comme un combat contre les contraintes d'une culture qui sous-estime l'individu. Il est plaisant de noter que la même culture attribue plus tard leurs succès à ses propres encouragements. Dans chaque cas, ce sont, en réalité, leurs efforts visant à ne pas laisser la culture les arracher à leur monde personnel sensible qui ont permis à ces artistes (et non-conformistes) de porter très haut leurs talents innés.

Wilson voit dans leur combat un combat pour leur propre vérité, ce qui est indubitablement juste. Mais au niveau le plus profond, il s'agit d'un combat pour la défense de l'intégrité, un combat destiné à préserver la personnalité de toute césure imposée par la culture (bien sûr, les artistes peuvent subir des ruptures dans d'autres aires de leur moi). La culture exige cela en permanence, surtout là où elle a ébranlé notre autonomie au point que nous ne sommes plus conscients des sources de notre agressivité et de notre destructivité.

Lorsque, dans notre combat pour préserver notre

intégrité et notre autonomie, nous nous heurtons à la pression des distorsions officielles, souvent, la seule façon qui nous reste d'exprimer notre autonomie est un comportement mentalement perturbé. Dans une brillante et émouvante nouvelle, *La Chambre au papier peint* (publiée en 1892), Charlotte Perkins Gilman décrit le combat solitaire et vain d'une femme contre la fragmentation de ses émotions. Elle est à la merci de l'acharnement possessif de son époux, interprété par les autres comme une preuve d'amour et de sollicitude à son égard. La seule voie lui permettant d'échapper à cette situation qui constitue une menace pour sa vie – elle est prisonnière des abstractions de son époux « bien intentionné » et ne peut se défendre directement –, c'est la destruction de toutes les formes de relation construites rationnellement. Et ainsi cette femme devient, sous nos yeux, schizophrène. (On trouve rarement, dans la littérature médicale, une description plus convaincante de l'irruption de la schizophrénie que dans les trente-sept pages de Gilman.)

Le schizophrène nous présente les symptômes d'une vulnérabilité exagérée dans laquelle nous pouvons reconnaître le sentiment d'impuissance de notre enfance que nous avons refoulé. Le souvenir d'avoir été livrés à la volonté parentale nous est si pénible que nous sommes obligés de l'arracher à notre mémoire et de l'enfouir dans notre subconscient. Plus tard, nous devenons les sujets d'une culture qui interprète le sentiment d'impuissance comme de la faiblesse et nous offre le pouvoir et la domination comme moyens de lutter contre notre anxiété et notre désespoir. Nous apprenons ainsi à fuir l'expérience de l'impuissance. Si nous ne le faisons pas, nous devenons des « ratés ». Ainsi la plupart d'entre nous rêvent de succès, de conquêtes, d'actions vigoureuses, ce qui nous permet d'échapper aux sentiments d'impuissance, d'anxiété et de désespoir. Mais ces sentiments se manifestent dans les cauchemars de notre enfance – et plus tard aussi!

Les abstractions que nous acceptons comme paramètres de notre existence augmentent notre malaise intérieur et nous poussent vers la violence, car elles nous coupent des sentiments que l'impuissance génère en nous. Les seuls moyens dont nous disposons pour nous adapter aux sentiments d'impuissance que nous avons refoulés sont de nature démente, mais exempts de toute conscience de leur insanité.

Car comment interpréter autrement la mégalomanie des gens qui fuient leurs sentiments d'impuissance en rêvant à la conquête du monde, aux massacres, aux batailles et à des performances surhumaines? Nous aurions tort de ne pas noter que derrière toutes ces illusions de grandeur se cache le refus du sentiment d'être sans défense. L'abstraction qui obstrue l'épanouissement de ce que nous sommes vraiment est cette idée que le désespoir est une faiblesse. Un jugement que nous partageons tous en secret. Nous avons honte de notre désespoir. Nous craignons une faiblesse qui n'existe que grâce à une abstraction.

C'est pourquoi nous ne sommes jamais capables de découvrir qu'accepter notre impuissance ne constitue pas une menace mortelle! Le concept de faiblesse nous empêche de faire cette découverte. La peur d'être un « raté » nous pousse à exiger toujours plus de nous-mêmes, éveille en nous la sensation permanente d'être frustrés et inférieurs, et nous maintient dans un état permanent de tension et d'exaspération. De plus, cet état alimente notre perpétuelle recherche d'une identité qui n'est pas la nôtre (qui, en d'autres mots, n'est pas autonome) et devient ainsi la source d'une colère sans fin. Nous ne pouvons ni maîtriser ni reconnaître cette colère, car les paramètres de notre vie nous tiennent à distance de nos véritables émotions; nous en cherchons les raisons dans nos victimes, car nous sommes incapables de comprendre qu'à l'origine les victimes c'est nous! C'est pourquoi nous nous vengeons sur ce que nous considérons comme une faiblesse chez les autres, alors qu'il s'agit de notre propre faiblesse que nous rejetons et haïssons. La haine des Juifs est un exemple frappant de ce phénomène.

Un autre exemple qui, avec son aspect presque irréel, illustre le même phénomène se situe dans les premières années de récession économique sous la présidence de Nixon. On avait posé des questions à un certain nombre de chômeurs de Spokane (Washington). La plupart d'entre eux étaient des ingénieurs ayant perdu leur emploi à la suite de certains revers de l'industrie aérospatiale. Alors qu'ils attendaient de toucher leurs indemnités de chômage, on leur demanda quel était, à leurs yeux, le problème du moment le plus important. Presque tous répondirent que c'était le problème du transport d'écoliers noirs vers les écoles situées dans les quartiers blancs de la cité!

Nous cherchons des souffre-douleur parmi les étrangers, plutôt que la source réelle de notre fureur, car nous ne pouvons pas reconnaître la vérité et sommes incapables d'admettre notre propre désespoir. Et plus nous manifestons notre colère, et plus elle devient intense. Si nous ne découvrons pas sa cause, notre état pathologique empire et peut engendrer une image irréelle de notre moi et du monde. Nous nous sentons invulnérables lorsque nous pouvons écraser un autre et même le torturer, sans reconnaître que nous écrasons ainsi notre propre impuissance. Quoi de plus magique et qui renforce nos sentiments d'omnipotence sinon les fantasmes concernant les destructions massives et les conquêtes? Sous la forme de concepts abstraits « sobres », coupés des émotions, ils augmentent notre capacité de contempler des atrocités avec sérénité. De tels fantasmes font aujourd'hui l'objet de « jeux » sur ordinateur et amusent les hommes qui se considèrent eux-mêmes comme normaux – de bons pères de famille, des professeurs respectables et ainsi de suite.

Ce qui suit est un exemple des « jeux de guerre » *(war games)* modernes que les élites pratiquent dans notre monde dit civilisé, et qui sont considérés comme des exercices intellectuels normaux. Dans un article « d'école », paru dans les *Annales de l'Académie américaine des sciences politiques et sociales* (1970), Edmund O. Stillman – à l'époque directeur de la division Europe de l'Institut Hudson et conseiller des Forces armées des États-Unis et de la Commission de l'énergie atomique – envisageait ce scénario anticipant une confrontation entre les États-Unis et la Chine :

> Les États-Unis annoncent alors la destruction prochaine (mettons dans les quarante-huit heures) de l'une des dix villes (chinoises) en précisant en même temps quelles régions seront épargnées. La désignation de dix cités devant subir le même sort a pour but d'augmenter l'effet de terreur et de mettre en mouvement de larges fractions de la population qui désorganiseraient les structures gouvernementales et administratives ou contribueraient à leur désorganisation. Dans les quarante-huit heures peut-être, après un dernier sursis de vingt-quatre heures, les États-Unis lâchent une bombe atomique sur Mukden et appellent en même temps le peuple chinois

à renverser le régime pour se sauver lui-même. Cette attaque est suivie d'attaques similaires sur trois autres cités : Harbin, Changchow et Canton.

Cette conceptualisation, complètement détachée des réactions émotives, conduit à une contemplation totalement dépassionnée de l'atrocité. Ces fantasmes de destruction se trouvent au même niveau que les fantasmes de pouvoir des idéologues. Selon Soljenitsyne (1973), Kirylenko, premier procureur et plus tard, sous Staline, commissaire à la Justice, aurait déclaré une fois que « le peuple n'est pas un peuple, mais... le porteur d'idées spécifiques. (C'est pourquoi) quelles que soient les qualités individuelles (de l'accusé) on ne doit l'apprécier que *d'un seul* point de vue : celui dicté par l'intérêt de classe ».

Il en résulte, comme Soljenitsyne le souligne ironiquement, que certains individus considèrent l'existence des autres comme dépourvue d'intérêt. Mais lorsque l'idéologie du pouvoir modèle chaque jour la façon dont les citoyens voient la réalité, leur autonomie disparaît et c'est le règne de l'abstraction. Cette situation est illustrée par un article du *New York Times,* du 3 juillet 1970. Avant un procès en cour d'assises, le juge demande à un juré potentiel s'il considère l'accusé comme coupable. Réponse : « S'il n'était pas coupable de quelque chose, il ne serait pas ici » (l'accusé était un membre des Black Panthers). Le juge demande alors : « A supposer que je vous arrête maintenant? » et l'homme lui répond : « Cela voudrait dire que j'ai fait quelque chose. » Un raisonnement symptomatique! On voit ici le renoncement complet à une autonomie individuelle, compensé par une identification totale aux pouvoirs en place et à leur idéologie.

Ceux qui ne vivent pas dans un monde d'abstractions sont totalement incapables d'une chose pareille. C'est l'abstraction qui nous pousse à nous venger sur des victimes qui sont le miroir de notre propre oppression et évoquent notre haine de nous-mêmes.

En clair, les abstractions idéologiques peuvent faire que des assassins soient inconscients de leur soif de sang. Les vraies raisons de leur comportement demeurent cachées et ils peuvent même se considérer eux-mêmes comme des êtres pacifiques. Quand la cruauté devient une notion abstraite, les actes cruels sont détachés de la réalité émotionnelle. On peut alors soumettre les autres à un traitement cruel sans avoir besoin de prendre conscience de sa propre réaction émotive d'horreur : l'habitude de « dénombrer les cadavres » pendant la guerre du Viêt-nam et l'utilisation par Nixon du mot « scénario » pour des actions qui provoquèrent des souffrances horribles à un nombre incalculable d'êtres humains sont des illustrations de ce phénomène. Les abstractions nous rendent étrangers à nos émotions qui – si jamais elles sont encore présentes – tendent à s'identifier aux réactions du groupe, ce qui nous permet de ne pas en prendre la responsabilité. Voilà pourquoi l'approche « scientifique » de chercheurs comme Latané et Darley, et leur cohorte d'élèves est si consternante – et même criminelle.

Caractériser de peu réalistes les gens qui frémissent d'horreur devant des événements tels que le brutal meurtre de Queen révèle à quel degré de perversité est arrivée la manière officielle d'appréhender la réalité. Vouloir expliquer les réactions des témoins par des théories pseudo-scientifiques et tenter d'en déduire des normes de comportement « légitimes » relève de la même perversion.

Quand les gens deviennent des robots parce qu'ils se pensent en termes de concepts abstraits, il y a grand danger qu'ils deviennent, sans le vouloir, méchants. A la merci des conceptions abstraites sur notre existence qui n'engendrent aucun lien avec notre propre réalité, cette trahison du moi nous remplira nécessairement de rage, une rage qui restera inaperçue. Bien que chacun déplore l'abus d'alcool et de drogues, l'agressivité et la promiscuité sexuelle, on n'établit pas de lien entre ces symptômes et l'affaiblissement de l'autonomie, car, de nouveau, des abstractions fondées sur une perception étroite de l'humain obstruent notre vue. Nous sommes prêts à pardonner au mal qui prolifère autour de nous plutôt qu'à la rébellion qui se dresse contre lui et que nous faisons l'erreur de prendre pour le véritable mal.

Il est intéressant de noter combien de gens sont persuadés que, pour survivre dans les camps nazis, il fallait se déshumaniser, devenir primitif et asocial. De la même manière, nous admettons la « nécessité » de devenir primitifs dans le cas d'une guerre ou d'une autre catastrophe. Nous sommes prêts aussi à considérer que l'histoire de l'humanité constitue un progrès allant de l'état de barbarie à celui de civilisation. Toutes ces vues sont davantage conçues pour cacher le rejet de notre sensibilité que pour exprimer la vérité.

Kempinski (1973), psychiatre polonais, et Pawelczynska (1979), sociologue, démontrent que les détenus qui ont survécu aux camps de concentration sont ceux qui ont refusé de devenir des brutes, à l'exemple de leurs geôliers, et se sont raccrochés fermement à leur humanité. C'est là, bien sûr, un constat en complète contradiction avec les théories de nos « autorités » en matière de psychologie et de psychiatrie qui ont accordé une certaine légitimité à la déshumanisation. L'une de ces autorités est Bruno Bettelheim (1958, 1961), même si – plus que d'autres – il comprend l'importance de l'autonomie, ainsi qu'il ressort de son œuvre brillante sur les enfants autistes.

The Survivor (1976) de Terence Des Pres est un témoignage sur les qualités humaines qui ont permis de survivre dans les camps de la mort. L'auteur soutient que la méthode psychanalytique induit en erreur lorsqu'elle assimile le comportement dans les camps de concentration à un comportement symbolique et médiateur. Une telle interprétation ne convient pas là où la vie est affectée par une détresse et un désespoir extrêmes : « ... lorsque c'est la mort qui guide les actions, le comportement n'a aucune " signification " symbolique ou psychologique » (p. 156). Selon Des Pres, le survivant était la personne qui, acceptant la « loi de la mort », était aussi la première à obéir tout naturellement au commandement « Tu ne tueras point ». Il y a en cela une ironie terrible car, si la conscience de la mort engendre un soin intense pour la vie, la négation de la mort déclenche une fureur de destruction : « Le survivant prend le contre-pied de ce que notre culture nous impose, une culture où la crainte de la mort... ne peut être soulagée qu'en niant toute valeur à la vie. Le survivant fournit la preuve que des hommes et des femmes sont maintenant assez forts, assez mûrs, assez conscients, pour affronter la mort sans intermédiaire et, dès lors, embrasser la vie sans réserve » (pp. 206-207).

Le récit de Viktor Frankl (1968) sur les conditions dans lesquelles il a survécu dans un camp de concentration est un témoignage similaire sur ce qu'il y a de meilleur dans un être humain. Au milieu d'une réalité brutale et fantasmagorique, il a découvert la réalisation de soi et a éprouvé un triomphe intime en comprenant que « les ressources morales d'un homme peuvent le hisser au-dessus d'un destin extérieur ». C'est ce fait, et non pas la déshumanisation, qui lui a permis de survivre.

Si notre pensée est régie seulement par des considérations de pouvoir, nous ne serons jamais capables de nous poser cette question : quel est le sens de la survie? Ceux qui manipulent les abstractions de la politique, du pouvoir, de la domination assument tout simplement que la survie constitue, dans tous les cas, le bien suprême. Cette façon de raisonner interprète d'une manière erronée les idées de Darwin, car le savant anglais n'a affirmé nulle part que la survie des plus « adaptés » est aussi la survie des « meilleurs ». Les êtres les plus aptes à survivre à une guerre nucléaire sont les cafards – ce sont eux qui hériteront peut-être, un jour, de notre planète.

Le processus d'abstraction se reproduit lui-même avec des conséquences de plus en plus fatales. En les séparant de leur sensibilité, l'abstraction transforme les êtres humains en infirmes. Une personne estropiée éprouvera inévitablement, selon les mots d'Unamuno, « un soulagement sinistre à contempler les mutilés autour d'elle ». Il répondait au cri de « Vive la mort » *(Viva la muerte)* du général franquiste Millan Astray lors d'une réunion à l'université de Salamanque tout au début de la guerre civile.

Mais l'abstraction peut engendrer des mutilations qui ne relèvent pas de la force physique. La société peut exercer ses contraintes non seulement en supprimant directement l'autonomie, mais aussi en mettant l'accent sur des valeurs et des orientations qui empêchent son développement.

Ainsi l'importance que l'éducation accorde, de nos jours, aux performances cognitives. Bruner, Oliver, Greenfield, entre autres, se sont trouvés à l'avant-garde de ces psychologues-pédagogues qui mesurent le développement intellectuel à travers la capacité de manier et de maîtriser les abstractions dès le jeune âge. Le succès dans des tâches cognitives devient ainsi un but socialement souhaitable. L'efficacité dans le maniement des abstractions dès la prime jeunesse inaugure un processus qui permettra plus tard à l'enfant de gravir les marches de l'avancement et du succès. Ironiquement, un enfant qui s'adapte sans effort à ce processus sera considéré comme *indépendant,* dans ce contexte l'indépendance étant synonyme du succès et de la richesse matérielle. Mais ce sont précisément l'effort et l'apprentissage ici impliqués qui obstruent la sensibilité des enfants – la joie, la tristesse, la confiance en soi, le désespoir –, seul fondement d'une véritable indépendance ou autonomie. Ces émotions constituent pour l'enfant le pont vers la perception de soi. L'enfant « indépendant », « performant » n'aura cependant pas de temps à leur consacrer, à supposer qu'elles interfèrent avec la maîtrise des apprentissages cognitifs.

De même, la puériculture orientée vers la performance compromet les soins maternels susceptibles de permettre à l'enfant de se développer d'une manière émotionnellement intégrée. Une étude des soins maternels et de ses effets sur la performance cognitive (Wieder, 1972) montre clairement que certains types de comportement maternel, considérés comme « bons » (par exemple interventions non punitives déterminant l'enfant à manger une nourriture consistante, à se nourrir lui-même ou à faire sa toilette d'une manière précoce), révèlent une corrélation positive avec la performance cognitive dès le dix-huitième ou vingtième mois. Il s'agit dans ce cas d'une façon de materner qui manipule l'enfant à travers les récompenses. Cette méthode peut satisfaire l'ambition de la mère, mais montre que la vitalité de l'enfant n'est pas pour elle une source de satisfaction. Une telle approche identifie le succès dans le champ cognitif (par exemple, la capacité de résoudre des problèmes de mathématiques) à des progrès dans le développement personnel. En d'autres mots, ce type de comportement maternel qui encourage chez l'enfant une pseudo-indépendance (mais, en fait, l'empêche d'acquérir une véritable autonomie) produit d'excellentes performances intellectuelles.

Dans son livre *Le Drame de l'enfant doué* (1981) *, Alice Miller fait une description vigoureuse de la manière dont le moi de l'enfant est opprimé pour les besoins du « succès ». Cependant, elle ne distingue pas entre la forme d'adaptation qui permet une rébellion interne et celle qui engendre le « mal ». Cela, probablement parce qu'elle néglige de faire la distinction entre la véritable souffrance et une souffrance qui est une façon de manipuler son prochain. Dans son second ouvrage *C'est pour ton bien* **, elle présente Hitler et Christine F. comme des personnalités qui souffrent. Mais ce ne sont pas des gens qui souffrent parce qu'ils sont sensibles, bien au contraire. Ils illustrent cette

---

* Les Presses universitaires de France, 1986.

** Éditions Aubier-Montaigne, 1984.

forme de pseudo-affectivité que Hélène Deutsch (1934, 1942) résume dans l'expression « comme si », et ils ressemblent aux psychopathes étudiés par Cleckley (1964). En essayant d'expliquer le « mal » en termes thérapeutiques, on réduit la réalité.

L'aspect le plus destructeur de la puériculture, telle que nous l'avons décrite, réside dans le fait que l'enfant, soumis constamment à une contrainte pédagogique dépourvue de véritables sanctions et manipulé à travers des récompenses, n'a pas l'occasion de se mettre en colère. Il éprouve une insatisfaction profonde, mais la source de cette insatisfaction lui demeure cachée. L'école moderne de psychologie responsable de cette approche engendre des êtres tourmentés par une colère dont ils ne sont pas conscients. Le puissant effort qu'ils livrent pour réussir, et qui structure leur vie, est l'expression de cette colère non perçue. Les tendances qui motivent ces êtres sont destructives, mais leurs effets sont (ou peuvent être) camouflés par la réussite. Ils n'ont pas besoin de prendre conscience de leurs véritables motivations, car l'abstraction fragmente leur vision d'eux-mêmes et du monde.

Henry T. Nash (1980), un professeur en sciences politiques, a décrit des adultes qui sont le produit de cette éducation. Ayant été l'un des analystes du département de la Défense, il caractérise ses anciens collègues comme « des gens dont le discours et le comportement témoignent de leur sociabilité... Rien en eux n'est sinistre, ni ne suggère des sentiments de culpabilité ». Pourtant, utilisant un langage oblique dont les concepts fragmentent la réalité, ces gens au cœur dur mettent sur pied « des projets visant à détruire par le feu atomique un grand nombre d'hommes inconnus sans en éprouver la moindre répulsion morale ».

Nous nous « voyons » nous-mêmes en des termes abstraits qui ne correspondent pas à notre véritable nature. La tâche urgente de la psychothérapie d'aujourd'hui est de supprimer cette dissociation qui menace de nous détruire. Les gens essayent de se cacher à l'intérieur d'un groupe, où ils peuvent renier leur colère et leurs tendances destructives. Ils ont appris à assumer une image sociale, mais au plus profond d'eux-mêmes ils brûlent de prendre leur revanche sur la confiscation de leur autonomie. Ce qu'ils ont appris essentiellement – souvent d'une manière totalement inconsciente –, c'est que la « coexistence » n'est pas possible, idée qui contredit pourtant les normes sociales (l'idéologie du pluralisme). « Il n'y a pas de coexistence possible, il n'y a que des perdants ou des gagnants », voilà l'expérience fondamentale à laquelle on aboutit lorsque l'autonomie est détruite. Les gens qui ont été rendus infirmes à la suite de leur « adaptation » à cette situation utiliseront leurs efforts socialement approuvés pour obtenir succès et performances comme forme de revanche. Ces derniers temps, la destructivité à une échelle monstrueuse n'a pas à se manifester sous les traits d'un Gengis Khan ou d'un Hitler : elle emprunte souvent le masque de la bonté souriante ou du progrès.

L'écrivain allemand Hugo Ball (1919) a écrit un jour : « La connaissance, quand elle se revendique comme principe suprême, tue l'enthousiasme, tue l'esprit. » Albert Szent-Györgyi (1964) a formulé cela en des termes plus personnels : « Je ne sous-estime pas la connaissance; ce que l'école doit faire, c'est nous apprendre comment apprendre, c'est éveiller notre appétit pour la connaissance, nous enseigner le plaisir de bien faire notre travail et l'excitation de la créativité; nous apprendre à aimer ce que nous faisons, et nous aider à trouver ce que nous aimons faire. »

Ce n'est certes pas un hasard si de jeunes patients super-intellectuels qui font appel à la psychothérapie sont souvent incapables d'exprimer par des mots ce qu'ils ressentent vraiment. Leurs talents ont été dirigés vers un seul but : être préparés aussi bien que possible à affronter la compétition dans le « domaine des connaissances abstraites ». Pour cette raison, ils sont devenus incapables de dialoguer avec eux-mêmes.

Le cas d'une jeune femme qui est entrée en analyse illustre cette situation : elle commençait à trembler violemment chaque fois qu'elle devait se prêter au jeu social qui exigeait de chaque membre du groupe de se sentir bien au milieu des autres. C'est ce qu'on attendait d'elle, par exemple, dans le laboratoire de recherche où elle travaillait et où chacun était censé se montrer gentil et coopératif à l'égard des autres membres de l'équipe. Mais, au cours de la thérapie, la patiente est devenue consciente qu'elle éprouvait une situation conflictuelle; elle avait l'impression, par exemple, que la personne qui dominait le groupe lui manifestait du mépris. Non seulement le groupe ne partageait pas ses impressions, mais le mythe de la solidarité incitait les autres à se tourner contre quiconque le mettait en question. Au cours de la thérapie, la patiente avait rencontré des difficultés du fait qu'elle était incapable d'exprimer par des mots ce qu'elle ressentait avec tant d'intensité; elle ne disposait tout simplement pas des outils « verbaux » adéquats. Elle avait été modelée dans son enfance selon les principes de convivialité et de solidarité; dans la mythologie familiale, il n'y avait pas de place pour les contradictions et les conflits qu'on rencontre dans la vie réelle. Ce que ses parents faisaient pour elle était toujours l'expression de leur sollicitude « bien intentionnée ».

Son tremblement était l'expression de sa crainte d'avoir échoué dans ses efforts pour mener une vie correcte et ne pas être une ratée. Pourtant, elle était toujours incapable d'admettre, par exemple, qu'elle avait été insultée; le modèle abstrait de comportement dont elle était prisonnière ne le lui permettait pas. Aussi son corps parlait-il à sa place.

Dans son livre *Teacher* (1963), Sylvia Ashton-Warner, une institutrice remarquable, évoque la même difficulté de s'exprimer verbalement qu'elle a rencontrée chez ses élèves de la Nouvelle-Zélande. Dans son travail avec des enfants maoris, qui avaient été éduqués conformément aux valeurs de la culture occidentale, elle avait découvert qu'ils refoulaient ou ne reconnaissaient pas leurs peurs intimes. Ces peurs se muaient en un comportement agressif : « Je n'ai peur de rien », s'est écrié l'un de ses élèves. Lui ayant demandé si, après tout, il n'était pas effrayé par quelque chose, celui-ci lui avait répondu : « Non, je plonge mon couteau dans tout cela! » (pp. 36-38). Lorsqu'elle eut réussi à donner à ses élèves les mots avec lesquels ils pouvaient avoir accès à leurs peurs, ils renoncèrent à leur comportement agressif. Les pulsions destructrices disparues, la créativité et un apprentissage positif apparurent.

Ce qui semble intéressant dans ce cas, c'est que, tant que des abstractions bloquaient l'accès de ces enfants à leurs propres sentiments, l'agressivité qui en résultait s'exprimait ouvertement. Il en était ainsi parce que le succès, la performance et le camouflage de l'agressivité n'étaient pas devenus encore la préoccupation principale de leur vie, ainsi qu'il en va pour nous, en Occident.

J'ai lu une fois à haute voix, lors d'un séminaire de psychothérapie à l'université Rutgers, un chapitre de l'ouvrage autobiographique *Printemps noir* (1963) de Henry Miller. Le chapitre évoque une réunion familiale qui a eu lieu alors que Miller avait dans les douze ans.

La bonne chère, l'alcool, la bonne humeur abondaient mais, au-delà des apparences, les membres de la famille étaient tous occupés à se poignarder l'un l'autre dans le dos. Seule, Mélia, la tante de Miller, avait du cœur, mais elle était en train de perdre ses esprits. Et c'est ce même jour que la famille avait confié à Henry la tâche de conduire sa tante dans un foyer public pour déficients mentaux; ils voulaient se débarrasser d'elle sans que cela leur coûte le moindre centime. Et cela eut lieu pendant que chacun était « gai et sémillant ». En prenant congé d'elle devant la grille de l'asile, Henry éclata en sanglots; elle lui avait toujours fait confiance :

> Même idiote, elle était bonne pour moi. Les autres étaient plus intelligents, mais leur cœur était mauvais... Mélia se tint devant la grille avec des yeux si ronds, son esprit dut retourner en arrière avec la vitesse d'un rapide. Tout avait dû lui revenir à l'esprit d'un seul coup. Ses yeux étaient si grands, si brillants, comme s'ils voyaient plus qu'ils ne pouvaient comprendre. Brillants de terreur, et sous la terreur, une confusion sans bornes. C'est ce qui les rendait si merveilleusement brillants. Seuls les fous peuvent saisir les choses avec tant de lucidité *.

---

* Robert Snyder, *Henry Miller par lui-même*, Stanké, 1978.

J'ai demandé aux membres du séminaire de noter par écrit comment ils interprétaient les sentiments de Miller. Un seul parmi eux, un étudiant mexicain, a évoqué le désespoir de Miller; les autres ont accouché de diagrammes sociologiques concernant les constellations familiales et leurs interactions. Pas un, à l'exception du jeune Mexicain, ne s'est montré capable de commenter la réalité d'une situation de désespoir. J'étais consterné. Pouvait-on enseigner quoi que ce soit sur eux-mêmes à des gens aussi coupés de leur être profond? Lors de la conférence suivante je résolus de leur faire connaître mon opinion. « Oh! s'exclamèrent-ils presque d'une seule voix, vous vouliez que nous écrivions quelque chose de *simple,* au sujet des sentiments! »

Je racontai cette histoire à Henry Miller. Il éclata de rire devant l'absurdité d'une éducation qui rend les gens étrangers à la vie et ne récompense que les abstractions et la « complexité ». On avait enseigné à ces jeunes gens à ne pas réagir d'une manière sensible à leurs expériences, mais plutôt à prendre de la distance avec elles. L'abstraction rend cela possible. Le cours de leur vie était déterminé par leur capacité de manipuler des formules abstraites (du genre « constellations familiales ») avec virtuosité, cette capacité devenant le critère de leur succès futur. Comme le succès leur fournit l'occasion, aussi bien que l'excuse, de se montrer sans pitié, ils finissent par pratiquer des formes d'agression socialement approuvées.

David Harris, qui a fait de la prison en tant que victime du post-maccarthysme, évoque dans son livre *Goliath* (1970) ces « abstractions institutionnalisées » qui forment des gens dont les actions sont dépourvues de toute relation avec leurs véritables besoins. Ces gens confondent leurs propres sentiments avec ceux que la société leur demande d'éprouver. Harris dit : « Lorsque nos actions ne sont pas un processus immédiat par lequel nous devenons réels (lorsque l'objet et l'intention d'une action ne coïncident pas), une relation directe à nous-mêmes est impossible... Les soldats font la guerre en poursuivant des buts pacifiques... L'intention de l'action n'est pas insérée dans l'action elle-même » (pp. 59-62). (L'ex-femme de Harris, la chanteuse Joan Baez, rapporte qu'il a toujours regardé le monde à travers les « fenêtres de son âme ».)

Il en résulte alors une identité qui peut être assemblée comme le produit d'une chaîne de montage selon des règles établies par les abstractions d'une société donnée. Si nous rejetons ces règles, nous risquons de devenir des proscrits, ce qui peut nous affaiblir jusqu'à compromettre toute notre existence.

Les abstractions qui nous modèlent sont dirigées contre notre authenticité. L'abstraction – en tant qu'environnement qui obscurcit notre vision, et en tant que processus qui nous dispense de toute responsabilité émotionnelle à l'égard de la vie – devient l'ennemie de la vie elle-même. Notre intelligence devient alors une force qui transforme la réalité en un jeu dangereux et autodestructeur. Ceux qui tentent de s'évader de ce système – au lieu de s'y soumettre – sont étiquetés comme mal adaptés, marginaux et ratés. Dès le treizième siècle, l'un de ces esprits mal adaptés, Maître Eckhart écrivait en des circonstances qui rappellent celles d'aujourd'hui : « Lorsque je prêchais à Paris, j'ai dit – et je maintiens ce que j'ai dit – que, malgré toute leur science, ces gens de Paris sont incapables de discerner que Dieu est dans la moindre de ses créatures – même dans une mouche. »

III

LA DÉSHUMANISATION DES HOMMES ET L'OPPRESSION DES FEMMES

La soif de pouvoir

La soif de pouvoir détruit l'âme d'un homme. Dans sa poursuite aveugle du pouvoir, il se rapetisse lui-même et diminue aussi la femme dont il a besoin pour qu'elle le confirme dans l'image de puissance qu'il a de lui-même. Consciemment ou inconsciemment il a identifié cette image avec le sens même de son existence. Dans un tel contexte, aucun amour véritable n'est possible, car dans toute relation entre deux êtres ne sera admis que ce qui peut affermir cette image. Le moi qu'on aurait pu acquérir est haï, car il tourne autour de la souffrance née du sentiment d'être impuissant. Un véritable engagement, une véritable connaissance de l'autre et de soi-même sont dès lors éludés. On vit à travers des fictions, et quand on s'en aperçoit, on devient furieux et meurtrier.

Nous cherchons constamment des héros (ou des héroïnes), et quand celui (ou celle) que nous avons choisi se révèle être une personne réelle, nous l'abandonnons. Nous méprisons cette personne, même après, sans jamais nous rendre compte que, selon la logique de ce comportement, la « perte » nous laisse affaiblis et mortellement blessés. Les courants de dépression et de désespoir sous la surface étincelante de notre culture en sont les signes indéniables.

En tant qu'hommes, nous faisons grand cas de la femme complaisante qui essaye de nous plaire, sans jamais réaliser que cela se paye de déceptions et d'offenses inévitables. Nous souhaitons que la femme nous apporte de la chaleur, et en même temps nous redoutons cette chaleur. C'est pourquoi nous nous contentons d'un trompe-l'œil : *nous nous laissons entraîner à des penchants de grandeur.* Au lieu d'apporter la sécurité, la chaleur et un soutien mutuel, nos relations avec la femme deviennent source d'innombrables fantasmes de grandeur et de prétentions inavouées de supériorité. La ruse d'un amour simulé remplace l'amour authentique; nous sommes ainsi débarrassés de la crainte d'être prisonniers du besoin d'aimer. Les femmes aussi sont prises à ce jeu dont elles deviennent les partenaires. Je pense à quelqu'un comme Alma Schindler (Mahler) qui a essayé de trouver son accomplissement de soi à travers Gustav Mahler, Walter Gropius, Oskar Kokoschka et Franz Werfel. Il est triste de se dire que ces efforts n'étaient pas nécessaires, car elle possédait assez de ressources en elle-même.

L'homme établit sa « personnalité » sur l'image de la force, de l'esprit de décision, du pouvoir, du courage, de la connaissance et du contrôle de soi – image qui le libère des sentiments d'anxiété et de culpabilité. Ce n'est qu'en développant cette image qu'il peut acquérir un semblant d'assurance. Ce n'est pas ce qu'il ressent vraiment ou ce qu'il pourrait ressentir qui constitue pour lui l'essentiel, mais une image, c'est-à-dire une abstraction, une idée métaphysique de l'héroïsme, dont la logique et le cadre de référence le motivent. En définitive, nous sommes guidés par cette façon de penser, dont le but ultime est de nous faire éluder la réalité.

Quelle est la nature de la réalité que nous fuyons? Un monde plein d'émotions, saturé d'inadaptation, d'abandon, de souffrance, de désespoir et de crainte d'échec, un monde dans lequel les sentiments d'impuissance et de rage sont présents mais doivent être constamment transposés de manière que nous nous sentions inattaquables et invulnérables.

Bien sûr, tous (et pas tous ceux qui admettent avoir de tels sentiments) ne se laissent pas guider par eux. Mais qu'arriverait-il si nous (sans doute la majorité d'entre nous) admettions à quel point nous nous sentons vite méprisés et insultés!

Bien entendu, le monde des émotions authentiques comprend aussi d'autres expériences : la joie, l'extase, le courage, le chagrin. Mais je ne me réfère pas à cette sorte de joie qui naît lorsque quelqu'un a réussi à s'imposer à un autre ou qui est le résultat d'une compétition où l'on a gagné. Toutes ces expériences dépendent d'une réalité *« imposée »* : de la nécessité d'obtenir le succès afin *d'échapper* à l'échec. Je parle ici d'une joie fondée sur l'empathie; de la joie que vous procurent la croissance et le développement d'un autre – même d'une plante; du partage de la joie comme de la tristesse. Ce type d'expérience confère une force *qui ne dépend pas* du besoin permanent de s'affirmer. Un besoin qui reflète simplement la crainte d'être un raté! Nous luttons pour éviter l'échec et nous ne nous rendons pas compte que notre crainte de l'échec nous précipite dans un cauchemar de « puissance ». De l'autre côté, la force qui émerge de la tristesse, de la détresse, du sentiment d'impuissance, de la maladie et de la souffrance, relève d'une expérience transcendante. Elle engendre une vigueur *intérieure* qui ne dépend pas d'un pouvoir extérieur et n'est pas obligée de se réaffirmer constamment.

Ainsi, c'est notre tendance à nous conformer à une image de puissance qui nous empêche de saisir la réalité telle qu'elle est – et cela avec des conséquences dévastatrices! Nous concevons des idéaux irrationnels au sujet de l'homme « vrai » et de la femme « convenable », qui non seulement nous séparent de plus en plus de nos véritables potentialités, mais nous conduisent, à la longue, à une destruction de soi.

Les Ituri des forêts tropicales du Congo (Turnbull, 1962) ne se conforment pas à ces modèles métaphysiques d'existence. Ils savent que ces modèles existent, aucun doute à ce sujet, mais ils s'en moquent. De ce fait, il n'y a aucune différence de sensibilité entre les sexes. La tendresse, la joie, la tristesse, toutes les émotions sont partagées et exprimées de la même façon. Et, ainsi que l'a souligné l'anthropologue anglais Geoffrey Gorer (1966), dès lors que les Ituri ne sont pas concernés par des concepts métaphysiques sur les « qualités de mâle » à travers lesquels ils doivent s'affirmer et se comparer aux autres mâles, il semble bien que l'homosexualité soit absente de leur culture, alors qu'elle est toujours latente dans la nôtre. Dans notre société, chaque homme s'interroge sur lui-même et doit se prouver qu'il n'est pas homosexuel, ce qui montre à quel point les doutes sur notre propre virilité sont répandus. S'il est peu viril d'avoir de tendres sentiments, alors nos penchants pour la tendresse doivent être rejetés. En les projetant sur un autre homme, cela nous permet de les nier en nous-mêmes et de les attaquer dans l'autre.

Ainsi, un système abstrait détermine notre vie, nos relations, la violence de notre comportement et, finalement, la mutation de cette violence en autodestruction. C'est là quelque chose qui advient nécessairement, car le sentiment souvent inconscient d'impuissance, qui naît du fait que notre véritable potentiel humain a été estropié, nous remplit de colère. Incapables de détecter la source de cette colère, nous la tournons contre nous-mêmes – ou contre une autre personne qui semble être le reflet de notre moi.

Malheureusement, les gens qui incarnent le mieux de tels idéaux de virilité deviennent nos dirigeants. Beaucoup de femmes succombent à la même fascination pour ces idéaux et forcent leurs partenaires hommes à les adopter... Les deux sexes craignent ce qu'il y a en eux de plus intime et punissent par leur mépris ceux qui, en cherchant la vérité, leur paraissent constituer une menace. Ces attitudes peuvent avoir des effets désastreux, voire fatals, car cette fausse définition de la virilité – à laquelle, comme je l'ai dit, adhèrent aussi des femmes – conduit à des guerres et à une conduite compétitive sans merci, pouvant entraîner des infarctus, pour ne mentionner que cette forme d'autodestruction.

Les hommes se trouvent confrontés à un dilemme : les femmes les effraient, bien qu'elles comptent pour beaucoup dans leur affirmation d'eux-mêmes. Pour démontrer notre singularité et notre supériorité sur d'autres hommes, nous avons besoin de l'illusion de *posséder* une femme. Pourtant, en secret, nous accablons les femmes de notre dédain, de manière à cacher la façon dont nous abusons d'elles et de pouvoir en dire du mal lorsque nous sommes entre nous. Ce mépris cimente souvent nos relations avec d'autres hommes. Ensemble, nous pouvons penser aux femmes comme à des êtres inférieurs; pourtant, nous voulons tous être acceptés par elles – acceptés comme des héros parfaits.

Dans ces conditions, comment peut s'instaurer une véritable intimité, qui suppose l'égalité? Comment pouvons-nous l'obtenir lorsque, *à chaque moment où nous sommes ensemble,* nous nous sentons au plus profond de nous-mêmes impuissants, supérieurs, et/ou coupables? *Impuissants,* car, dans notre for intérieur, nous ne croyons pas au mythe de la virilité que nous avons adopté; *supérieurs* parce que nous essayons de nous abuser nous-mêmes avec notre mythe, et *coupables* parce que notre mépris des femmes est en contradiction avec notre besoin d'être reconnus et admirés par elles (contradiction que nous gommons par notre arrogance).

Les malheurs de l'homme contraint à triompher de la femme se révèlent dans les fantasmes qu'il nourrit pendant l'acte sexuel. Ces fantasmes sont souvent complètement impersonnels et agressifs, et réduisent la femme à un objet passif et quelconque. Pourquoi tant d'hommes ne peuvent-ils jouir qu'avec une femme qui se vend ou dont ils peuvent imaginer qu'elle est une prostituée? En méprisant les femmes, les hommes peuvent fuir la véritable intimité qu'ils craignent parce qu'ils doutent de leur virilité. Ils ne peuvent pas croire que quelqu'un puisse les accepter sans condition. Il me semble que les hommes ont besoin de fantasmes sexuels agressifs pour compenser leur sentiment d'impuissance.

Les hommes subissent la contrainte d'avoir à se montrer performants. Cela entraîne un besoin insatiable d'éloges et d'approbation, et engendre, en revanche, la crainte toujours présente de rater la prochaine performance. Dans *Ainsi va toute chair* (1902), Samuel Butler, le romancier et satiriste anglais du dix-neuvième siècle, aborde cet état, tout en essayant de le surmonter, à travers les paroles du père d'Edward : « Nous devons juger les hommes moins sur ce qu'ils font que sur ce qu'ils nous font sentir qu'ils sont capables de faire... Ce n'est pas sur ce qu'un homme a réellement mis sur sa toile, ni même les actions qu'il a inscrites, pour ainsi dire, sur la toile de sa vie, que je veux le juger, mais sur ce qu'il me fait sentir de ce qu'il a senti et de ce qu'il s'est proposé. »

Dans son essai commémorant le centenaire de la mort de Goethe et inclus dans *La Déshumanisation de l'art* (1956), Ortega y Gasset approche le même problème d'un point de vue quelque peu différent : « La vie est en elle-même et pour toujours, un naufrage. Être naufragé ne veut pas dire se noyer... La conscience du naufrage, vu la vérité de la vie, constitue déjà un sauvetage. C'est pourquoi je ne crois plus qu'aux idées de ceux qui ont fait naufrage. »

Malheureusement, ce qui compte dans notre système conventionnel d'idées et de normes, ce n'est pas notre aspect sensible mais seulement ce que nous obtenons à travers une carrière « réussie ». La valeur que les autres nous accordent est aussi le critère selon lequel nous nous jugeons nous-mêmes. Un homme est jaugé à son succès – non à sa capacité de rire, de jouer, d'être affectueux. Mais, en dernière analyse, un succès de cette sorte dépend de l'échec de quelqu'un d'autre. Cette leçon nous est d'abord inculquée par nos parents. Elle est ensuite renforcée à l'école. Ainsi, lorsque nous atteignons l'âge adulte, nous sommes hantés par un cauchemar intériorisé : pour nous aiguillonner nous-mêmes à obtenir des succès, notre culture nous oblige à faire des cauchemars de ratage. Le sociologue Jules Henry illustre cette situation avec une acuité pénible dans son livre *Culture against Man* * (1963).

Ce modèle s'applique de la même manière aux hommes et aux femmes, mais avec une différence importante. Dans notre culture, la plupart des hommes ont peu de chances d'échapper à l'obligation de bâtir leur vie sur la métaphysique de l'accomplissement et du succès. Et comme ces abstractions semblent nous aider à acquérir un sentiment de puissance, nous les acceptons comme des besoins essentiels. En ce qui concerne les femmes, cependant, un autre élément entre en jeu dans leur développement. Sachant, dès leur plus jeune âge, qu'elles sont des *génératrices potentielles de vie,* le but *réel* de mettre au monde un être vivant – et avec lui la possibilité d'en jouir ouvertement, de partager avec lui ses peines et ses souffrances, ses plaisirs et ses bonheurs – peut devenir le point essentiel de sa vision du monde. Le sens de la vie qui se développe dans ce cas ne repose plus sur des abstractions, mais sur les aspirations et finalement sur les réalités d'une expérience ressentie.

Comme nous autres hommes nous n'avons pas reçu le don d'accoucher, la plupart d'entre nous donnons à notre vie une orientation qui nous coupe de la joie, de l'anticipation, de la peine et de l'exaltation associées à l'enfantement.

En général, cette orientation nous empêche aussi de prendre conscience de nos peurs. Il est acceptable pour une femme d'être attentive aux craintes et au

* *La Culture contre l'homme.*

désespoir de son enfant; pour nous, la domination devient le moyen qui réprime notre peur. Dès lors, nous développons une peur de la peur elle-même. Elle nous empêche de découvrir que nos peurs peuvent disparaître si nous les accueillons comme telles, et qu'il n'y a pas lieu de les craindre comme des défaites éclatantes. La peur de l'impuissance ne veut pas dire que, dans une situation donnée, nous sommes privés purement et simplement de toute ressource. Elle ne doit pas être confondue avec une impuissance totale ou avec l'échec. Se sentir sans défense veut dire reconnaître les limites de son propre pouvoir et accepter de dépendre de quelqu'un d'autre.

Nous n'arrivons pas à reconnaître cela parce que l'on nous a toujours seriné que nous devons dénoncer tout sentiment d'impuissance comme une faiblesse. Nous apprenons à considérer toute manifestation d'impuissance autour de nous comme une provocation qui pourrait nous fragiliser aussi. Avec ça, nous ne pouvons pas reconnaître les autres comme étant nos égaux. Les paroles d'un Caton, qui nous a été présenté à l'école comme le modèle d'un citoyen de l'ancienne Rome, vertueux et fidèle à ses devoirs, illustrent l'absurdité de la domination du mâle, qui augmente l'anxiété et rend impossible toute relation authentique entre hommes et femmes, comme d'ailleurs entre les hommes eux-mêmes. Au deuxième siècle avant J.-C., Caton demandait à tous les hommes d'opprimer les femmes, car aussitôt qu'on leur accorde les mêmes chances, affirmait-il, elles prouvent qu'elles sont supérieures aux mâles (Fester, 1979, p. 8).

Le prix qu'on doit payer pour une telle violence est le soupçon constant, taraudant, que l'on vit, au plus profond de soi-même, sur un mensonge : la fiction de la supériorité qui sape toutes nos relations – nos relations avec les enfants, les femmes, les animaux, la nature ou nous-mêmes. Tant les hommes *que* les femmes vivent sous le maléfice de cette fiction, et comme celle-ci fait naître la haine, ils se détruisent les uns les autres. L'homme devient irritable, coléreux et méchant à cause de ses rêves récurrents d'une possible défaite; la femme le détruit et se détruit elle-même en le confirmant dans sa prétention d'être un héros.

Un mépris mutuel bouillonne sous la surface, car chaque homme et chaque femme sait au fond de son cœur qu'il n'y a pas d'homme qui ne ressente de temps à autre une défaillance démentant le mythe sur lequel repose sa vie. C'est peut-être pourquoi tant de couples trouvent un étrange confort dans leur mépris réciproque. Celui-ci correspond aux sentiments véritables qu'ils éprouvent à l'égard d'eux-mêmes.

Où en sommes-nous, nous autres hommes? A quel point sommes-nous conscients et authentiques? Nous sentons-nous à l'aise seulement quand nous tenons les commandes, quand nous contrôlons, quand nous possédons? Lorsque nous prenons soin de quelqu'un d'autre et que nous assumons ses dépenses, nous sommes persuadés d'être aimés, tout en nous arrogeant le droit de décider à sa place. En affermissant notre pouvoir, notre partenaire met à nu aussi nos sentiments d'infériorité les plus profonds, car nous avons été aimés pour avoir fait nos preuves, pour notre sollicitude et non pas pour ce qui fait de nous des êtres humains. Il nous est difficile de croire que nous sommes aimés pour nous-mêmes, pour nos propres émotions, pour nos joies et nos ravissements, pour notre amour de la vie. Et ainsi nous glissons toujours davantage dans le piège d'avoir à faire nos preuves. Prendre soin de quelqu'un devient un pacte tacite auquel nous nous soumettons et qui génère ressentiments secrets et animosité. Mais le mécanisme du piège nous empêche d'appeler un chat un chat. Cela compromettrait un équilibre déjà précaire.

Il en résulte que les partenaires impliqués dans ce genre de relations expriment leurs ressentiments refoulés en augmentant leurs exigences à l'égard de l'autre. La femme soumise à l'homme parce qu'elle est à sa charge fait monter les enchères. C'est là son pouvoir secret. Il augmente le mépris secret de l'homme qui doit faire face à ces revendications grandissantes. Il croit avoir la haute main sur son partenaire. L'important est de jouer à ce jeu sans mettre en péril tout l'échafaudage. Si les manœuvres n'aboutissent pas au résultat espéré, elles engendrent la rage. Mais comme la rage ne peut pas être exprimée directement (car cela révélerait que chacun est dans le pouvoir de l'autre et ruinerait le jeu subreptice d'un amour illusoire) des symptômes psychosomatiques apparaissent : par exemple une rage inconsciente engendre des maux de tête ou des migraines. C'est là l'une des raisons qui font que, dans notre société, les troubles psychosomatiques sont de plus en plus nombreux.

C'est sous la forme de maux de tête et de migraines que nous découvrons les pires aspects du malaise profondément ancré qui résulte du besoin masculin d'affirmer sa supériorité et sa domination. *Un moi fondé sur ce besoin ne peut tout simplement pas fonctionner, et comme on s'interdit de le reconnaître, l'homme ne peut que se détruire et détruire ceux qui l'entourent.* Il craint que s'il n'agit pas comme il le fait, tout ne s'effondre. Et il a raison : une personnalité fondée essentiellement sur l'exercice du pouvoir est menacée de désintégration. Il redoute que le pacte soit rompu, que le jeu émotif, « qui est en charge de qui » cesse, et que l'avilissement réciproque apparaisse au grand jour. Cela constitue un danger non seulement pour les relations familiales, mais pour *toutes* les relations fondées sur le pouvoir, dans la mesure où l'estime de soi a été minée. Le reconnaît-on, et l'effondrement, le chaos, la grande anxiété sont proches, car l'estime de soi qui repose sur le pouvoir n'est pas assez forte pour résister quand l'idéologie du pouvoir est remise en question. Il faut chercher la source de l'hypocrisie qui nous détruit dans la manière dont notre moi s'est développé.

Nous sommes effrayés à l'idée de recommencer notre vie, effrayés à l'idée de changer, car nous ne pouvons pas croire que quelqu'un puisse nous aimer pour nous-mêmes. Et ainsi nous continuons à jouer nos jeux autodestructeurs, persuadés que les meilleurs maîtres (psychothérapeutes inclus) sont ceux qui nous montrent comment jouer encore mieux à ces jeux. Pourtant, si nous – psychothérapeutes inclus – pouvions être ouverts, sincères et authentiques, nous n'aurions pas besoin de souffrir de maux de tête, par exemple.

Notre vrai moi, celui que nous aurions pu acquérir, est occulté par le scénario du pouvoir. Nous avons été forcés dans son moule parce que personne ne nous a aimés tels que nous sommes. Des bébés montrent, pendant la première et parfois la seconde année de leur vie, par leur désespoir non verbalisé qu'ils ont déjà perçu cette vérité. Je dis « non verbalisé » parce que leurs parents ne reconnaissent pas ce désespoir pour ce qu'il est; ils y voient de la mauvaise humeur et du défi. C'est la « résistance » qu'ils ont dû faire taire il y a de cela longtemps, qu'ils identifient maintenant chez leurs enfants. Nous avons ici un exemple typique d'une projection très généralisée dans notre société : la projection de l'hostilité et de l'agressivité chez nos enfants.

Le grand malheur est que, passant outre à ce que nous dit notre cœur, nous vivons en accord avec l'idéologie d'un moi mutilé, nous conformant à un genre d'amour programmé à l'avance et qui n'est nullement de l'amour. De plus, il y a des gens qui jouent à une variante du jeu « je t'aime, moi non plus ». Ils sont le mal personnifié. Ils cachent leurs actions derrière le mensonge de l'amour, et ce faisant ils n'ont pas besoin d'aller plus loin. Souvent complices de leurs jeux, nous sommes généralement incapables de bien saisir la situation. Cela explique le succès des psychopathes dans notre société; pour les reconnaître pour ce qu'ils sont, nous devrions affronter leur faux amour, véritable parodie de l'amour authentique. Nous n'en avons pas la force ni le courage, et préférons diriger notre colère contre ceux qui tentent de nous aider à faire face à la réalité.

Le complexe d'Œdipe, expression du mythe masculin du pouvoir

La trahison de ce que nous aurions pu être, origine de nos tendances destructrices en général, est déterminée par nos relations avec notre mère. En affirmant cela, nous ne mettons pas la mère en accusation, car elle n'est que le lien avec le père et une société où le moi est tributaire du pouvoir comme seule réalité reconnue. C'est cette « réalité » qui incite la mère à exploiter la dépendance de son enfant. Lorsque les femmes sont opprimées, elles essaient de compenser leurs déceptions et leurs frustrations en se servant de leurs enfants. Elles succombent d'autant plus facilement à cette tentation qu'elles acceptent elles-mêmes l'idéologie de la domination du mâle [1]. Elles peuvent alors chercher à leur tour le pouvoir, sur et à travers leur enfant, mais elles le font par des voies qui masquent leurs intentions dominatrices.

Une femme peut « aimer » ses enfants tout en les utilisant comme des instruments de sa propre volonté de puissance. Ce qui en résulte est alors exalté – et caché – par le mythe œdipien : exalté parce que les sentiments de désespoir de l'enfant sont célébrés comme de l'amour; caché parce que ce qui entre en jeu ici n'est pas l'amour mais le pouvoir.

Au sens strict du mot, ce n'est ni l'amour ni la sexualité qui poussent un petit garçon, dans la phase œdipienne, à vouloir posséder sa mère. En fait, cela arrive lorsque la mère rejette, le plus souvent inconsciemment, son véritable moi. Le désir de la mère d'utiliser son enfant comme un instrument de pouvoir pousse celui-ci à s'accrocher à elle, à l'apaiser, à la servir – ou à l'asservir.

La grave blessure que notre société inflige à la mère ne relève pas seulement de l'oppression, mais aussi du fait qu'elle adopte le mythe de la supériorité masculine et de sa propre insignifiance. Dans la mesure où le mouvement des femmes interprète l'égalité des sexes comme le droit de manifester les plus exécrables défauts des hommes, il perpétue la domination des hommes par des voies différentes. Pis encore, les femmes, qui font fi des aspects créatifs de leur amour, continuent à élever leurs enfants pour en faire des adultes qui rejettent leur force authentique et optent pour une conquête sans scrupule du pouvoir. C'est en quoi réside le complexe d'Œdipe : il se réfère à une blessure originelle qui se métamorphose en un combat pour la domination.

Qu'ils en aient peur ou qu'ils le réprouvent, les gens décrits comme des « névrosés » sont des gens tout simplement moins affamés de pouvoir. « Travailler » sur le complexe d'Œdipe, expression utilisée souvent en psychothérapie et en psychanalyse, vise, en fait, à une « libération » des scrupules et au développement de l'ambition, de la compétitivité et de la recherche du pouvoir. Les blessures profondes qui engendrent les sentiments insupportables d'impuissance et d'anxiété échappent à une thérapie qui demeure l'otage de l'idéologie de domination. Or, les patients doivent mettre le doigt sur ces vieilles blessures, s'ils veulent retrouver leur humanité perdue et qu'ils ont appris à redouter. Aussi longtemps que les thérapeutes demeureront eux-mêmes prisonniers du mythe du mâle et incapables de se rendre compte de leurs propres sentiments de vulnérabilité et d'impuissance, ils seront incapables d'aider les patients à retrouver le chemin de leur moi authentique.

La peur de la vitalité

La situation « œdipienne » a d'autres ramifications encore. En tant qu'expression de la possession plutôt que de l'amour, elle fait naître une déception fondamentale. De nouveau, c'est la conception masculine de la possession en tant que pouvoir qui entre en jeu.

Si la possession est identifiée à l'amour, la femme obtient par là même le « pouvoir » d'octroyer cet « amour » à l'homme. Un surprenant retournement des choses, en effet! Mais quelles sont les qualités que l'homme reconnaît à la femme lorsqu'il l'idéalise? Ne s'agit-il pas de la vitalité et de la capacité créatrice de vie dont lui-même s'est détourné parce qu'il les redoute? Les hommes se pensent en termes logiques et ordonnés sans réaliser que ces concepts écrasent leur spontanéité, qu'ils ont par ailleurs appris à craindre. La vie n'est ni logique ni ordonnée : tout ce qui déborde de vie est chaotique. Cela dérange surtout les hommes qui identifient le chaos à l'impuissance. C'est pourquoi nous avons inventé le mythe selon lequel la femme envie notre pénis. En réalité, c'est nous qui leur demandons qu'elles nous accordent la maîtrise sur leur vagin, si vivant, si plein de vitalité. L'envie du pénis est une invention qui nous sert à camoufler notre propre envie de quelque chose qui nous a fuis et que les femmes possèdent : la vitalité et la créativité. Voilà pourquoi nous voulons *posséder* la femme, à laquelle nous attribuons ces forces que nous ne trouvons plus en nous-mêmes.

Bien sûr, il y a des femmes qui ont trahi ce qu'elles auraient pu être en faisant leur la propagande masculine au sujet de la supériorité du mâle. Ces femmes pensent avoir besoin du même pouvoir que les hommes réclament pour eux-mêmes et elles sont prêtes à tout faire pour acquérir une « force magique » à travers la sexualité. C'est seulement dans ce contexte que l'envie du pénis a quelque signification. Mais, à partir du moment où ces femmes prennent vraiment possession d'un homme, elles le regardent comme un être avili. En admettant la prétendue supériorité de l'homme, elles s'approprient en même temps son mépris des femmes, et c'est pourquoi elles se méprisent elles-mêmes. Et ce manque de respect de soi contamine tout ce qu'elles possèdent.

En ce sens, il y a des femmes qui envient le pénis. Elles aspirent à ce que seuls les hommes sont censés posséder : le pouvoir. Confondant le phénotype avec le génotype, Freud a vu dans ce phénomène la manifestation d'une force vitale. Ce faisant, il a cru reconnaître chez la femme une constellation de pulsions qui n'est, en fait, que le résultat de la mythologie masculine. Il a brouillé, en même temps, une autre situation : plus les hommes accordent une valeur indue à leur pénis, et plus le côté créateur de la vie leur échappe.

D'autre part, l'Histoire a quand même engendré des hommes qui possèdent une connaissance intime de la vie, de ses beautés et de ses splendeurs, qu'il s'agisse du lever du soleil, d'une cascade ou du gazouillis d'un bébé. Et il y a des sociétés, comme celle des Ituri d'Afrique ou des Yequana de la forêt tropicale du Venezuela, où les mâles sont des êtres humains au sens plein du mot [2]. Mais dans notre société, ils ne le sont pas.

Tout commence avec la peur – la peur d'être impuissant –, une peur si grande que nous refoulons tout souvenir de la vulnérabilité attachée au début de notre existence, au lieu de l'accepter et de l'intégrer dans notre expérience. Aussi, beaucoup d'hommes, en rejetant cette qualité humaine fondamentale, réduisent-ils leur vie à une farce.

Pourquoi les hommes haïssent-ils tant leur impuissance? Et pourquoi tant de femmes, souvent parmi celles qu'on admire le plus parce qu'elles sont attrayantes et remportent des succès, haïssent-elles les hommes vulnérables? L'impuissance est redoutée parce qu'elle a conditionné souvent notre soumission. Si les parents se servent de l'impuissance de leurs enfants pour en faire des objets desservant leur « estime de soi », ces enfants en arriveront à considérer leur impuissance comme une ennemie. C'est pourquoi ce n'est pas la vulnérabilité en soi, mais son caractère instrumental, la façon dont elle est utilisée par les autres dans le contexte de l'expérience que nous en avons nous-mêmes, qui la rend si menaçante et inacceptable.

Si les enfants n'ont jamais l'occasion de sentir qu'ils sont aimés et respectés pour eux-mêmes, l'impuissance à laquelle ils sont confrontés à chaque étape de leur développement engendre une peur incontrôlable. La petite taille des enfants, leur impuissance, leur insignifiance – sauf en tant qu'objets qui permettent aux autres de se sentir importants –, bref, leur infériorité, les rendent incapables de découvrir leur propre moi. Dans ces circonstances, les enfants ne peuvent pas s'accrocher à eux-mêmes, car ils sont submergés par un flux chaotique de perceptions sensorielles et un insupportable sentiment de vulnérabilité.

Dès lors, soit ils seront psychiquement désintégrés, soit ils chercheront la cohésion dans la structure que leur offrent les parents. Voilà pourquoi l'impuissance est ressentie comme une perte du moi. Le chemin classique qu'ils empruntent pour surmonter leur désespoir est celui que leur offre la société : le pouvoir – notamment le pouvoir sur les autres. Les enfants sentent l'exploitation mutuelle dans le comportement de leurs parents. Ils perçoivent le désespoir secret de leurs parents et les fausses victoires qu'ils remportent l'un sur l'autre au moyen de l'humiliation et du dénigrement. Le pouvoir – cette promesse non formulée – est le remède qui convient à leur situation.

Les enfants détectent parfaitement les manœuvres des parents destinées à prendre avantage de leur impuissance et à la perpétuer afin de s'affirmer eux-mêmes. Et, en réprimant leurs réactions spontanées – qui sont trop « dangereuses » – ils arrivent à vivre « en harmonie » avec leurs parents. Ils commencent à penser que le monde de leurs parents et la façon dont ceux-ci les traitent est ce qu'il y a de mieux pour eux. Ils nient alors leur propre souffrance et, peu à peu, oublient d'écouter leur voix intérieure. Mais la rage née de la destruction de leur autonomie devient elle-même une tendance destructrice qui alimente leur désir de puissance. Si rien n'apaise cette tension – si, par exemple, les enfants ne sont pas traités avec plus d'humanité –, ils apprennent vite que la douleur est elle-même un moyen efficace d'obtenir le pouvoir sur les autres. Constatant que la souffrance modifie leur propre humeur, ils commencent à se dire qu'en l'infligeant autour de soi, on peut contrôler n'importe qui et n'importe quoi. C'est vers les fantasmes enfantins de ce genre que nous devrions nous tourner pour découvrir les motivations profondes des actions perpétrées par les adultes qui détiennent le pouvoir; c'est aussi dans ces fantasmes que nous trouvons les premiers germes des thèmes qui animent notre « Histoire ».

Les hommes sont plus lésés que les femmes

On peut y trouver aussi les origines d'une autre situation. Étant donné une culture qui préconise le pouvoir comme principe directeur du moi, beaucoup d'enfants font semblant d'avoir été blessés, afin de manipuler ceux qui leur ont effectivement fait mal. Ces enfants apprennent vite l'hypocrisie d'un monde régi par le pouvoir : une véritable souffrance, qui s'exprime à travers la dépression et diverses formes d'introversion, irrite les adultes. En revanche, une manœuvre mensongère, comme des yeux pleins de larmes, a plus de chances d'éveiller la sympathie et donne aux adultes un semblant de puissance. Le succès évident de ces manipulations enfantines ne devrait pas nous aveugler sur le fait qu'il constitue aussi une source de mépris ! Voilà comment se perpétue la fausseté. La trahison du moi aboutit à manipuler le monde avec des mensonges.

Compte tenu des conditions de notre développement, les hommes et les femmes ont du mal à accepter leur impuissance comme condition d'une véritable écoute de soi. Mais la pression qui s'exerce sur les hommes pour qu'ils se soumettent à l'idéologie du pouvoir est plus forte. Leur métaphysique du moi détruit leur humanité. Comme nous l'avons déjà noté, les femmes ont davantage de possibilités de trouver un sens à leur vie en dehors de cette idéologie. Elles peuvent, en effet, engendrer la vie. Et il est probable que beaucoup d'hommes ont été sauvés grâce à leurs relations avec une mère pour laquelle la réalité était une expérience concrète et non pas un système métaphysique : une mère sensible, par exemple, à la vulnérabilité de ses enfants et qui trouve dans leur spontanéité une source de plaisir. Nous ne voulons pas glorifier par là les besognes fastidieuses et les liens excessifs avec la maison et le ménage qui vont souvent de pair, dans notre culture, avec les soins prodigués à l'enfant.

L'important est que de nombreuses femmes, malgré leur situation, se soient montrées sensibles à l'impuissance de leurs enfants. Elles ont intégré celle-ci dans leur propre vitalité et leur plaisir, aussi n'est-elle pas ressentie comme une menace ou une contrainte. La mère conduit l'enfant à découvrir qu'on l'aide à saisir et à comprendre le monde. Un tel déploiement de la réceptivité empathique non seulement favorise le développement de l'enfant en offrant des réponses adéquates à ses besoins, mais permet aussi à la mère de prendre conscience de ses propres facultés créatrices, de renforcer sa vitalité et son bonheur.

En fait, nous devrions être tous sensibles à l'impuissance d'un être que nous protégeons et nourrissons, et dont le développement dépend de nous. Mais lorsque la structure de notre moi interprète une telle attitude comme l'expression d'une faiblesse et d'une insuffisance, nous en venons à la rejeter. Comme notre culture exerce une pression plus grande sur les hommes que sur les femmes pour modeler un moi que l'impuissance irrite, il en résulte une manière fondamentalement différente de prendre celle-ci en charge.

Nous devons admettre que la différence repose surtout sur le fait que les femmes sont généralement plus réalistes, plus ouvertes au monde que les hommes. Elles sont aussi plus humaines, dans la mesure où elles sont moins coupées de leurs sentiments et moins disposées à les fuir à l'aide d'abstractions.

Comme nous l'avons déjà montré, il y a eu, à toutes les époques, des hommes capables de prendre en charge l'impuissance des autres, sans la craindre ni se sentir anéantis par elle. Mais, dans notre culture, ce sont les femmes, bien plus ouvertes à la réalité, qui sont obligées de vivre à deux niveaux différents, dans la mesure où leurs expériences les plus profondes contredisent la réalité « officielle ». En d'autres mots, si la logique officielle et les sentiments qui découlent de l'expérience personnelle ne sont pas isomorphes (ne coïncident pas), les deux niveaux ne s'intègrent pas et créent des difficultés existentielles.

Nous, les hommes, nous en déduisons souvent que les femmes sont, à des degrés divers, des « hystériques », dominées par l'irrationnel et dépourvues de logique. Quelle simpliste et étrange auto-illusion! Mais une attitude méprisante à l'égard des femmes aide les hommes à ne pas remettre en question leurs folles idées sur la nécessité supposée de la « puissance » et du pouvoir.

Comment les femmes pourraient-elles ne pas souffrir d'un moi clivé lorsque la « rationalité » du pouvoir contredit son ouverture et sa flexibilité, son potentiel créateur, sa vitalité, sa tendresse, aussi bien que son acceptation de l'impuissance et de la souffrance? Lorsqu'elles ne se soumettent pas aux ukases de la logique des hommes, elles sont vite accusées d'inconsistance. La « logique » des hommes rejette les réactions des femmes comme étant « inconséquentes », tout en considérant le comportement masculin comme « cohérent ».

Je pense que nous devons être heureux qu'il y ait encore de la mobilité psychique et de l'irrationalité, car elles nous permettent de rester en contact avec la vie. Nous serions encore plus des robots que nous ne le sommes déjà si chaque mère admettait d'être coupée de sa sensibilité. Le fait qu'on rencontre encore de la santé psychique dans notre monde témoigne de la force et de la capacité de pénétration des expériences directes, enracinées dans des besoins et des buts authentiques.

Nous, hommes, devrions essayer de nous rendre compte à quel point sont nuisibles les barrières qui nous séparent de ces besoins issus de l'impuissance, de la souffrance psychique et de l'aptitude à engendrer la vie. Ce sont les mêmes barrières qui ont creusé notre aliénation, nous rendant étrangers à nous-mêmes, à nos femmes et à nos enfants.

Dans le passé, si les femmes voulaient préserver leurs liens avec leurs véritables sentiments, elles devaient consacrer une part de leur vie à manifester de l'admiration pour leurs époux ambitieux et à encenser les héros qu'on leur désignait comme tels. Cela leur permettait de se créer un espace dans lequel le reste de leur moi pouvait s'exprimer sans trop d'interférences extérieures. Les enfants et le foyer (sans glorifier les besognes domestiques pénibles) offraient aux femmes la possibilité de développer une sorte de liberté et de santé morale sous le manteau de leur « infériorité ».

Lorsque je vois des femmes qui pensent que l'obtention de droits égaux signifie la liberté d'être aussi ambitieuses et avides de pouvoir que les plus « virils » des hommes [3], je crains que celles qui sont restées saines à leur manière ne deviennent victimes des membres de leur propre sexe. Car elles auront à se défendre, non seulement contre les hommes, mais aussi contre les femmes qui ont intégré la vision masculine de la liberté. La « liberté » d'acquérir le pouvoir afin d'éviter la peur engendre chez les femmes le même mépris que les hommes éprouvent pour l'autre sexe. Un moi qui tourne le dos à l'impuissance ne peut saisir que des miettes de vie intérieure. Il ne peut pas contrôler ses propres peurs et incertitudes, mais essaie de les nier en sécrétant du mépris pour les autres et en s'efforçant de devenir invulnérable. Ce combat est, tant pour les hommes que pour les femmes, sans issue, car l'impuissance, justement parce qu'elle est redoutée, les guette partout. Il ne mène qu'à la paranoïa, à la méfiance, aux bruits de bottes et à l'armement universel.

L'admiration

Dépendre de l'admiration – c'est-à-dire du besoin d'être admiré – semble promettre la « force » que nous cherchons. Les hommes demandent à être admirés « pour leur force ». L'admiration qu'on leur voue est appelée « amour »; en fait, elle compromet plutôt l'amour véritable. En général, cela ne relève pas d'une intention consciente, mais c'est à quoi elle aboutit dans la pratique.

Si nous voulons être aimés pour des conquêtes et des actions d'éclat fondées sur la peur – la peur que nous puissions en réalité être des faibles – nous nous mépriserons nous-mêmes, autant que nous mépriserons ceux qui nous « aiment » pour ces actions. Dès lors, nous voulons être admirés encore plus, car cela nous préserve de nos doutes et nous fait croire que nous sommes aimés. Mais l'amour véritable que nous désirons tous nous échappera, autant que l'intimité, cette proximité dont nous avons besoin tout en la redoutant, car elle exige ouverture et authenticité. Prisonniers des contrevérités d'une « virilité » abstraite, beaucoup d'hommes n'arrivent jamais à s'impliquer dans des relations intimes. Ainsi, ils perpétuent leur moi artificiel. Comment un homme (ou une femme) peut-il être admiré pour quelque chose qui n'est, au fond, qu'une duperie? Aussi longtemps qu'elle repose sur la peur d'être impuissant – une peur non avouée –, ceux qui nous admirent doivent nier leur propre vulnérabilité. Ils se perdent ainsi eux-mêmes. Ce qui subsiste n'est que manipulation et calcul. Mais cette duplicité n'est pas l'amour, même quand elle se révèle efficace.

L'une de mes patientes m'a aidé à comprendre cette sorte d'admiration. Au cours d'une séance, elle s'écria : « Mon dernier recours était de devenir une partie de ma mère, de lui ressembler tout à fait. Quelle ruse formidable! Quand je l'admirais, telle qu'elle était, elle ne pouvait plus me trouver, *moi.* Je n'étais plus là! » Remarquable perspicacité! Lorsque nous nous identifions à la personne puissante que nous idéalisons, personne ne peut plus nous trouver. Nous ne sommes pas là! Le prix que nous devons tous payer dans ces cas-là, c'est la perte de notre moi et, par conséquent, l'intimité avec l'autre.

L'admiration présente un autre aspect ambigu. La personne qui admire peut exercer un pouvoir sur celle qui veut être admirée. Un paradoxe, mais aussi une vérité! Nous utilisons l'admiration et l'idéalisation pour démolir ceux que nous idéalisons. C'est là la vengeance des opprimés : « Tu n'es pas celui que tu as promis d'être! » En un tournemain, l'être auquel nous avons cru peut être renversé de son piédestal et démoli. Notre Histoire est pleine de ce genre de volte-face. Est-ce par manque d'intelligence ou de culture que nous avons mal placé notre confiance? Je pense qu'une telle explication est un peu sommaire : nous nous soumettons à nos oppresseurs pour fuir notre moi, mais nous les vénérons en secret comme des dieux pour mieux nous venger d'eux le jour venu. Dans le cas des tyrans et des dictateurs, nous n'admettons pas nos véritables motivations – à moins qu'ils ne soient déjà en train de tomber. Mais dans nos relations avec nos proches moins menaçants, nous pratiquons ce jeu tous les jours. Nous idéalisons notre époux ou notre épouse, notre amant ou notre maîtresse. Ainsi, nous n'avons besoin d'approcher que l'être rêvé, pas l'être réel. Un jour, l'admiration disparaît. « L'autre nous a déçus. » C'est là une ruse qui nous permet de ne jamais nous perdre dans une intimité étroite, comme nous l'avons tous connue, il y a fort longtemps, dans notre enfance. A l'époque, nous n'hésitions pas à manifester notre impuissance, mais celle-ci a été exploitée. C'est de cette expérience que découlent la peine et la blessure qui nous font fuir notre besoin réel d'amour et d'intimité. Si nous étions conscients de cela, nous nous opposerions au moi qui vise le pouvoir. Au lieu de quoi, nous l'idéalisons, nous nous berçons dans la croyance que nous admirons et que nous aimons, tout en tenant l'autre à distance.

Dans la mesure où nous faisons de notre prochain un admirateur, nous l'investissons d'un singulier pouvoir. Et c'est ainsi que les hommes jouent avec les femmes et les femmes avec les hommes. Chacun devient l'arbitre qui décide de la force de l'autre. Chacun est détenteur de pouvoir, bien qu'il soit incapable de vivre sa véritable vie. Ce qui se déroule devant nous est une chasse : les hommes font la chasse aux femmes et les femmes aux hommes, chacun cherchant dans l'autre un pouvoir *halluciné*. En fait, chacun hait l'autre, dans la mesure même où il se sent livré à son pouvoir.

Œdipe, encore une fois

Où nous conduit le mythe de la supériorité du mâle? Au fond, nous ne cherchons pas l'amour, mais l'homme ou la femme qui va nous rendre plus forts. Nous sommes vite pris dans le piège de la haine, même si nous pensons que la recherche d'un partenaire extraordinaire équivaut à la recherche de l'amour. Cela pousse l'homme non seulement vers des réalisations plus vastes, mais aussi vers l'infarctus, la dépression, le suicide. Pour ce qui est des femmes, cela les conduit à une maternité ambitieuse où ce qui passe pour être de l'amour se réduit à l'utilisation des enfants comme instruments de leur propre affirmation de soi. A la fin, l'esprit de possession sert de base à toutes les relations humaines, dans lesquelles sont impliqués hommes, femmes ou enfants. Posséder quelqu'un constitue un pouvoir et génère du pouvoir. Nous n'en sommes pas toujours conscients. A moins que nous ne pensions rétrospectivement à toutes les fois où nous nous sommes sentis *menacés* dans notre prétention de posséder un homme, une femme, un ami ou un enfant. Qui n'a pas senti un signal d'alarme se déclencher au plus profond de soi lorsque notre épouse parle avec enthousiasme d'un autre homme – ou même d'une autre femme? Ou lorsque notre enfant loue le père (ou la mère) d'un autre enfant?

Ainsi, beaucoup d'hommes se sentent constamment abandonnés, offensés, attaqués, blessés. Cela commence très tôt. On a appelé ce sentiment d'abandon et de trahison imminents « le complexe d'Œdipe ». Il n'est, en fait, que le boomerang du besoin masculin de suprématie et de domination. Il est la vengeance intégrée dans un processus dégradant qui échange l'amour contre le pouvoir. On a construit une théorie générale de l'amour des fils pour leur mère inaccessible, sans prendre en compte les effets que la domination des pères peut avoir sur ces mères et par conséquent sur l'enfant.

Si des petits garçons sentent qu'ils ne peuvent pas se séparer de leur mère, cela n'est peut-être que la conséquence de l'acharnement avec lequel ces mères s'obstinent à vouloir se les attacher. Des manœuvres de séduction produisent les mêmes résultats que l'inaccessibilité : dans les deux cas l'enfant apprend que ce qui compte le plus, c'est la possession de l'autre.

Le dramaturge américain Eugene O'Neill, prix Nobel, a traité ces problèmes avec une acuité particulière dans toutes ses œuvres, mais tout particulièrement dans *More Stately Mansions* *. Dans cette pièce, une mère vivant dans un monde dominé par les mâles, qui l'empêche de se réaliser elle-même, cherche refuge dans des fantasmes romantiques. Ces fantasmes l'arrachent à sa propre misère, mais ils sont fondés sur la séduction qu'exerce la poursuite virile du pouvoir. Son fils ressent cette retraite quotidienne dans un monde imaginaire comme un abandon. Dans une famille où l'« amour » équivaut à la possession de l'autre, le fils voit dans cette distanciation de la mère la preuve qu'elle ne veut pas de lui, qu'elle n'est pas prête à l'aimer. Aussi cherche-t-il toute sa vie l'accès

* *Un manoir plus imposant.*

à cette « maison de rêve ». (Dans ce drame la mère se réfugie toujours dans un cabanon où elle peut rêver sans être dérangée.) Le fils se dit que s'il pouvait pénétrer dans cette maison, il pourrait devenir l'objet du besoin de possession de sa mère, et, par là, de l'« amour », dont elle le prive. Ce qu'il découvrira un jour, en tant qu'adulte, c'est le vide sur lequel débouchent les efforts de possession de sa mère, sa rage et sa démence. Mais cela lui révèle aussi que les mêmes tendances sont à l'œuvre en lui-même et il en devient fou.

Ce drame ne traite pas de l'amour, mais de la propriété. La possession, identifiée à l'amour, fait naître en nous des passions qui peuvent nous conduire à tuer ou/et à mourir pour l'objet en cause. Lorsque la mère éveille chez son fils le sentiment illusoire qu'il peut la posséder (ou *ne pas* la posséder, comme dans le drame d'O'Neill), elle le joue contre son père. Le père – ou son substitut dans l'âme de la mère – devient son rival. Le fait d'opposer le père au fils (ou *vice versa*) découle des luttes sournoises que les hommes et les femmes se livrent pour le pouvoir. Un garçon ne peut avoir le sentiment que son père lui enlève sa mère que si la mère a d'abord éveillé en lui le désir de la posséder. Et cela traduit chez elle des situations de dominance qui ne lui permettent pas de trouver une véritable réalisation de soi.

La colère que la domination des hommes sur les femmes engendre chez ces dernières demeure généralement cachée chez celles qui en sont concernées. Mais si toute relation tourne autour de la possession, comment les femmes résisteraient-elles à la tentation d'utiliser ce jeu de se laisser posséder comme une arme? Amener un fils à devenir le rival de son père, en lui procurant le sentiment qu'il n'a jamais assez possédé sa mère, n'est nullement difficile. On ne lui accorde tout simplement pas l'attention et l'amour dont il a besoin, ou on le leurre avec la promesse qu'il pourrait les obtenir si seulement il trouvait la clef magique. L'interprétation freudienne du mythe d'Œdipe cache, selon nous, que le besoin de possession est un stratagème constant dans le jeu destructeur de la domination de la femme par l'homme. Et qu'il n'est pas l'expression de l'amour, mais de ses graves dérives.

La supériorité

Les hommes sont profondément troublés par des doutes au sujet de leur supériorité. Bien qu'ils dissimulent généralement ces doutes, il arrive de temps à autre que l'un de ceux qui affirment le plus leur supériorité se trahisse. J'ai connu un homme dont l'assurance de soi dépendait grandement de l'exercice du pouvoir et qui jouissait d'une grande considération. Il était constamment en quête de belles femmes, qu'il arrivait le plus souvent à conquérir bien qu'il se montrât à leur égard « infâme et vulgaire » (ce sont ses propres mots). Il me confia un jour : « Si vous humiliez quelqu'un suffisamment, vous n'avez plus à vous faire de souci, car vous l'avez alors amené à *votre* niveau. » Voilà en quoi consiste l'assurance virile de soi !

Les hommes cherchent l'amour, mais le cercle vicieux de leur « supériorité » engendre des mères incapables de prodiguer à leurs fils un amour véritable. C'est déjà mauvais en soi. Mais, obligées de s'adapter, les femmes se cachent à elles-mêmes et cachent à leur environnement l'hostilité qu'elles nourrissent à l'égard de l'autre sexe. Ainsi, les fils se trouvent coincés dans une situation grandement contradictoire : la mère agit comme si elle acceptait son fils, mais en fait elle le rejette. J'ai décrit cette situation dans un travail de recherche : *Le Rejet maternel et les tensions enfantines* (Gruen, 1980). Il semblerait que les relations des hommes avec leur mère soient plus ambiguës que celles des femmes qui ont été, elles aussi, victimes d'un rejet maternel.

Il est intéressant de noter que, dans son étude sur la santé mentale des hommes, le psychiatre G.E. Vaillant (1978) a constaté que les hommes dominés par leur mère jusqu'à l'âge adulte développent des tendances schizoïdes et de suridéalisation. C'est le cas des garçons qui ont une mère pleine de contradictions, contradictions qu'ils n'arrivent pas à comprendre. Ainsi, les victimes de la prétendue supériorité des mâles ne sont pas seulement les femmes, mais aussi leurs fils.

Malheureusement, cette situation n'est pas facile à détecter, car de très nombreux hommes courent après des femmes qui n'ont, au fond, rien à leur offrir. La pathologie à laquelle je me réfère ici c'est la grande quête d'amour là où il ne peut pas être trouvé. La femme qui n'a rien à offrir devient l'objet de notre désir le plus intense. Cela conduit à des conclusions absurdes. *Nous pensons que des femmes qui ne nous montrent pas de l'amour en fait le cachent, se retiennent d'en faire état.* A contrario, *les femmes qui sont prêtes à vous offrir leur amour ne valent rien, sinon elles le cacheraient, comme leur trésor le plus précieux!*

Salut et « sainteté »

Le mythe masculin détruit les hommes et tout ce qu'ils touchent. Bien sûr, nous n'en sommes pas tous imprégnés au même degré. Mais il est toujours à portée de la main, car nous en avons besoin lorsqu'il s'agit d'éviter la confrontation avec notre moi, qui nous fait si peur. Comment expliquer autrement le fait que nous nous soumettons encore et encore aux gens qui, personnifiant la puissance et la domination, nous demandent les plus grands sacrifices? Rien n'évoque davantage une atmosphère messianique – un sentiment de sainteté – que la subordination à une cause « supérieure ». L'appel à verser notre sang pour Dieu, pour la nation ou pour une idée engendre des sentiments de pureté intérieure, l'exaltation d'un amour « absolu », l'intoxication d'un amour de soi vertueux. Pourquoi ne reconnaissons-nous notre sujétion à un fou puissant qu'après coup, lorsque l'épisode a été dépassé par l'Histoire? Souvent, ce sont les meilleurs d'entre nous qui sont impliqués, ceux qui veulent être libres, et qui abandonnent pour la « cause » tout ce qui leur est cher. Pourtant, quand un dictateur, un *Führer,* un... « guide spirituel », un chef de gouvernement ou un *Duce* les appelle au combat ils oublient leurs principes, se lancent dans la bataille – et se sentent les élus. Quel peut être le rapport entre ce vertueux sentiment de sainteté et le moi véritable? Pourquoi nous autres hommes – et aussi beaucoup de femmes – nous comportons-nous souvent comme des moutons, tout spécialement quand nous sommes confrontés à ceux qui nous méprisent, nous dominent, nous oppriment et nous détruisent le plus? Pourquoi nous sentons-nous meilleurs en leur obéissant? Pourquoi cela nous soulage-t-il de l'anxiété et du malaise que nous procurent notre propre moi et la nécessité d'être responsables de nous-mêmes?

La peur que nous inspire notre impuissance est-elle si profondément ancrée en nous que nous nous jetions dans les bras du premier dirigeant qui nous offre le salut à travers son *mépris*? Oui, son mépris pour nous et notre vie nous sauve parce que nous nous méprisons nous-mêmes. Notre lutte pour conquérir le pouvoir, la supériorité et le succès, masque notre peur omniprésente de l'échec et de l'impuissance, que nous avons appris à considérer sous le seul angle de la faiblesse. Malgré nos performances les plus frappantes, nous doutons toujours de notre « virilité ». Si notre partenaire n'a pas un orgasme, par exemple, nous interprétons cela aussitôt comme le reflet de notre manque de virilité!

L'oppresseur nous libère de notre secret mépris pour nous-mêmes en nous méprisant. Comment expliquer autrement que Staline ait pu revêtir l'image d'un père, et Hitler celle d'un dieu? *Nous* les glorifions – et cela nous exalte – cependant, au plus profond de nous-mêmes, nous percevons bien *leur* infériorité, leur vide et leur haine de la vie. De nos jours encore, les historiens attribuent à Hitler des dons magiques pour expliquer comment le monde entier a pu tomber sous son emprise. Mais, fondamentalement, les raisons de cela se trouvent en nous-mêmes : nous attribuons à ces sortes de dirigeants des qualités qu'ils ne possèdent pas parce que leur mépris nous libère.

Richard Nixon nous offre une illustration qui relève de l'Histoire récente. Lorsqu'il était candidat à la vice-présidence aux côtés d'Eisenhower en 1952, chacun savait qu'il avait reçu des fonds illégaux (en tant que sénateur, il avait touché 18 235 dollars de divers hommes d'affaires californiens et avait utilisé cet argent à des fins personnelles [White, 1975]). Il a confirmé cela lorsqu'il s'est défendu à la télévision [4] dans un discours où il faisait appel à la « compassion » des téléspectateurs. Pourtant, c'était en sa compagnie qu'on se sentait bien et non pas en celle d'Adlai Stevenson qui était, lui, un homme honnête.

La description d'un discours d'Hitler par Kurt Tucholsky est ici de rigueur : « Des choses étranges... puis, plus rien... rien, rien, rien : pas de suspense, pas de sommets, il ne m'émeut pas; je suis trop un artiste moi-même pour ne pas admirer l'art, s'il existe, même dans un individu de son acabit. Pas d'humour, pas de chaleur, pas de flamme, rien. Il ne profère que les banalités les plus sottes, tire des conclusions qui n'en sont pas – rien » (Schuls, 1959, p. 156).

Mais les choses se passent ainsi : nous magnifions ces personnages parce qu'ils projettent la haine que nous acceptons comme un ersatz de la vie, et parce qu'ils nous dispensent de mener une vie authentique et responsable. Nous sommes nos propres ennemis : ils ne pourraient pas détruire nos âmes si nous n'étions pas leurs alliés soumis. Il ne suffit pas de combattre ces assassins psychopathes; il nous faut lutter aussi contre ce vide intérieur qui nous les fait subir. Songeons à deux « hommes d'État » aussi différents que Chamberlain et Staline. Tous les deux se sont laissé manœuvrer par Hitler. Cette soumission qui, apparemment, nous exalte ne dérive-t-elle pas de notre désarroi? En détruisant les autres, les « ennemis », ne nous vengeons-nous pas de nos propres blessures non avouées?

Ce sont nos enfants, auxquels nous ne concédons aucun moi propre, qui se vengent de nous et du monde, en se sacrifiant jusqu'à leur dernier souffle pour un Führer, un « gourou » ou un dieu. L'Histoire est pleine « d'exploits héroïques » d'enfants, dans des guerres ou des batailles. Même aujourd'hui, ils courent à travers les champs de mines et se font tuer pour des « causes supérieures » *parce qu'ils ne possèdent pas un moi.* Qu'il s'agisse de la Croisade des enfants, d'organisations de jeunesse dans les États totalitaires, d'enfants qui trahissent leurs parents en les dénonçant aux autorités (phénomène très répandu sous Hitler et Staline), la soumission à une idéologie ne pallie-t-elle pas l'absence d'un moi véritable? La soumission conduirait au moi! Voilà un paradoxe, une situation horrible où la dissolution du moi devient le but de la vie! Les oppresseurs ne cessent d'avoir gain de cause, car sous l'« idéalisme » et les « nobles motivations » de leurs victimes se cache la rage accumulée de l'enfant blessé dans son besoin d'autonomie.

Cela ne s'applique pas à tout le monde. Pas à Hermann Hesse, auteur de *Demian,* par exemple, ou à d'autres artistes sensibles qui nous ont ouvert d'autres chemins. Quelques-uns, il se peut même qu'ils soient nombreux, se reprennent en main malgré la pression sociale. La peur peut conduire certains vers une *force intérieure* qui les préserve de l'idéologie de la force. Illustrant cela d'une manière impressionnante, Sophie et Hans Scholl, une sœur et un frère étudiants à l'université de Munich, ainsi que leur cercle d'amis, ont résisté à Hitler au cours des terribles années 1942-1943, guidés seulement par leurs profondes convictions morales (Ilse Scholl, 1977).

Dans son roman *Freundinnen* * (1974), Caroline

---

* *Amies.*

Muhr formule cela autrement : « ... A un âge avancé les hommes semblent plus seuls et plus vulnérables que les femmes. » Elle entend par là que les hommes ont davantage de choses à perdre – et les perdent plus vite – que les femmes : le pouvoir (et l'assurance de soi qu'il procure), qui était l'objectif principal de leur vie, leur file entre les doigts. Les femmes, d'autre part, s'y résignent mieux « car elles sont depuis longtemps des perdantes ».

Beaucoup de choses dans notre vie sont radicalement fausses. L'homme se bat pour un moi qui n'en est pas un. Il n'est qu'une enveloppe fondée sur des abstractions qui ne desservent pas la vie, mais lui servent seulement d'écran. Les femmes authentiques, c'est-à-dire liées à leurs véritables forces de vie, ne défendent jamais la guerre. Les hommes dont on peut affirmer la même chose sont, eux aussi, des adversaires de la guerre. Cependant, ceux qui résistent à l'idéologie du pouvoir sont souvent persécutés car leur existence menace la pérennité du mensonge. Cela a toujours été ainsi. Les gnostiques en sont un exemple. Il y a de cela près de deux millénaires, la chrétienté les considérait comme des hérétiques parce qu'elle s'institutionnalisait peu à peu et qu'elle avait besoin d'une idéologie du pouvoir et de l'oppression pour devenir dominante. Alors que la bureaucratie de l'Église s'affermissait conformément au modèle fourni par Rome – foi inconditionnelle dans l'autorité, dans la seule Église catholique, dans une seule vérité, et par conséquent dans un seul César-évêque, les gnostiques dénonçaient la façon dont l'humanité était minée par le pouvoir.

Tertullien (env. 190 ap. J.-C.), par exemple, s'indignait du fait que les gnostiques ne faisaient pas de distinctions hiérarchiques entre les évêques, les prêtres et les fidèles. Dans son livre, *les Évangiles secrets,* Elaine Pagels montre qu'il s'indignait aussi de l'égalité des droits accordée aux femmes par rapport aux hommes. Il est intéressant de noter que l'Église, bien que s'opposant à Rome, trouvait dans Rome l'idéal du pouvoir. Car si leurs dieux étaient différents, leur idéologie était la même. A ce propos, Mario Erdheim nous ramène au présent avec son essai, *Nach aller Regel* * (1981). Il met en évidence le phénomène d'identification inconsciente avec le pouvoir : « Ce que Horkheimer et Adorno appelaient " la dialectique des lumières " est aussi le produit d'une ambivalence non résolue; les hommes des " lumières " critiquaient le pouvoir sans être conscients qu'ils s'identifiaient à lui. » D'autre part, ce qu'Erdheim appelle ambivalence n'est qu'une simplification psychanalytique. Le moi est si fermement bâti sur l'idée de domination qu'il ne peut s'en libérer sans se désintégrer, sauf – et c'est le cas des femmes et de certains hommes – s'il est enraciné dans une orientation positive à l'égard de la vie.

Dans son livre sur les gnostiques, Pagels cite un affidé de Valentinius : « (Ces chrétiens) veulent se commander les uns aux autres et rivalisent de vaine ambition; ils sont bouffis d'une passion de pouvoir, chacun d'eux s'imaginant être supérieur aux autres [5] » (p. 83). Les gnostiques, en revanche, se rencontraient comme des égaux, s'aimaient les uns les autres et s'entraidaient spontanément. Les femmes et les hommes étaient égaux en droits. Ils savaient qu'un individu qui rejoint une communauté peut l'exploiter

* *Selon toutes les règles.*

en exerçant à travers elle des pressions sur son prochain. Ils dénonçaient la recherche du pouvoir de ceux qui, tout en feignant l'humilité, ne se soumettaient aux règles du groupe que pour opprimer les autres : « Tu dois penser et agir comme je le fais, sinon tu es un ennemi. »

Le message implicite (« Regarde comment je me sacrifie pour vous »), jamais clairement exprimé, conduit à un halo de sainteté, même si l'on commet les actions les plus terribles. Cela camoufle un état d'esprit méprisable et les méfaits qui en découlent. En fait, c'est la haine de soi qui se cache derrière cette destructivité mortelle. Dans ce contexte, vouloir être martyr traduit l'amour de la mort, non de la vie. Lorsque Ignatius, l'évêque d'Antioche, a été condamné à la torture et à la mort, vers 117 après J.-C., il a demandé à ses fidèles de ne pas essayer de le sauver : « Laissez venir sur moi le feu et la croix, et le combat avec des fauves, que je sois mis en pièces et écartelé, qu'on me brise les os et les membres, que mon corps tout entier soit broyé... pourvu que j'atteigne Jésus-Christ! » (Pagels, 1979, pp. 82-83). Il voulait être déchiré par les fauves pour prouver sa dévotion de croyant en Jésus-Christ.

On suscite la persécution et le danger, pour justifier la haine des autres. Et *les autres* ne sont pas ici les Romains, mais ceux qui auraient pu détruire l'idéologie du pouvoir qui sous-tendait – tout comme chez les Romains – un moi fondé sur le besoin de dominer, de se montrer supérieur, d'opprimer les autres. Ainsi, en l'an 177 ap. J.-C., à Lyon – où cinquante chrétiens, leur évêque inclus, venaient d'être torturés à mort –, Irénée n'en voulait nullement aux Romains, mais dirigeait sa haine contre les gnostiques, qui considéraient la soif pour le martyre comme une trahison à l'égard de la vie, du Christ et de ses enseignements.

Cela nous permet de revenir aux temps modernes. Rappelons-nous que Staline ne haïssait pas Hitler, mais les trotskistes et les idéalistes. Il négligeait son véritable ennemi mais s'en prenait à ceux qui menaçaient la fausse idée qu'il se faisait de lui-même.

Les gnostiques savaient que seule une transformation intérieure procurait un véritable bien-être, lequel est fort différent du « salut » accordé par une autorité à laquelle nous nous sommes soumis. La Bible, selon saint Marc, rapporte que les apôtres considéraient Jésus comme leur roi (Marc VIII, 27-29). L'Évangile apocryphe de saint Thomas raconte cette histoire d'une manière différente : « Jésus dit à ses disciples : “ Comparez-moi à quelqu'un et dites-moi à qui je ressemble. ” Simon Pierre lui dit : “ Tu ressembles à un ange juste. ” Matthieu lui dit : “ Tu ressembles à un sage philosophe. ” Thomas lui dit : “ Maître, ma bouche est incapable de dire à qui tu ressembles. ” Jésus dit : “ Je ne suis pas votre maître. Parce que vous avez bu, vous vous êtes enivrés à la source pétillante de mes paroles. ” » (Évangile selon saint Thomas [XXXIV, 30-35, 7] cité par Pagels, 1979, p. 130.)

Dans cette version, Jésus parle du sens plus profond dans lequel on peut accepter une autorité sans abdiquer son moi. Dans un cas pareil, l'acceptation d'une autorité peut même produire un épanouissement psychologique. Les gnostiques, hommes et femmes, savaient à leur manière ce que nous oublions aujourd'hui souvent. Le processus de socialisation peut nous imposer la dépendance et l'infantilisme. Si l'on ne peut pas les surmonter, on aspire à se soumettre à une autorité. Dans ce cas, la *leçon centrale* que nous enseigne la vie c'est l'obéissance; notre comportement est considéré comme approprié s'il convainc les détenteurs de l'autorité de notre volonté d'être accommodants. Le résultat en est une attitude amorale et non réfléchie d'affirmation mutuelle, un renvoi d'ascenseur, un sourire permanent qui dit : « Vous êtes O.K., je suis O.K. », et qui aide à grimper les échelons dans la carrière ou dans le groupe. Cette façon de faire – dissimulée sous des allures de gentillesse, de paternalisme, de soins maternels, de respect – cache l'intention de la personne arrivée au sommet de dominer et d'exploiter la dépendance de ses subordonnés.

Siegfried Bernfeld, l'un des premiers psychanalystes, voulait éclairer la condition humaine. Il arriva à la conclusion que, même dans la psychanalyse, une discipline dont l'objectif avoué est la libération des êtres humains, la dépendance du bon vouloir d'une « autorité » est encouragée en tant que manifestation d'un « sens des réalités ».

Son essai *On Psychoanalytic Training* * (1962) évoque l'institution contemporaine de la psychanalyse dont le but est de libérer, mais qui traite ses adeptes comme les objets de règles abstraites. Si tel est le cas, comment la psychanalyse peut-elle encourager l'autonomie, le développement et la liberté? Comment les objectifs pourraient-ils être atteints dans d'autres mouvements qui se veulent révolutionnaires et qui se consacrent, au début, à la rénovation de l'homme, mais qui, par la suite, deviennent des institutions? Ces institutions, dont les structures reposent sur l'idéologie du pouvoir ne permettent pas d'atteindre de pareils

---

* *Sur la formation psychanalytique.*

objectifs. Il est donc nécessaire, si l'on veut préserver la dimension humaine, de toujours résister aux tentatives d'institutionnalisation.

Ce qui est terrible, dans la condition humaine, c'est que lorsque les gens sont soumis au pouvoir et à ses mensonges, et en souffrent, ils ne cessent pas pour autant de s'identifier à lui. Ils ont beau échanger l'une de ses formes contre une autre et se considérer toujours comme des rebelles, en fait ils reproduisent leur propre démission et n'accèdent pas à un moi authentique.

La souffrance incluse dans la découverte de son propre moi est d'une nature extrêmement différente de la souffrance qui cherche son salut dans l'identification à quelqu'un d'étranger. Seuls ceux qui supportent leur propre souffrance sont capables de s'établir comme des entités *à part* : si nous espérons, ainsi que Proust l'a formulé, que la personne qui a causé notre souffrance puisse aussi l'atténuer, nous nous accrocherons toujours au mensonge du pouvoir. Nous chercherons toujours « l'autorité » qui confirmera ce mensonge et nous ne trouverons jamais ce qui est divin en nous-mêmes.

A quoi est due la différence dans nos souffrances? A la façon dont une mère, puisant son amour dans ses forces vitales, conduit son enfant à assumer ses propres émotions avant d'être exposé au monde du père. Si, cependant, la mère – elle-même prisonnière d'un mari oppressif – utilise son enfant pour s'affirmer vis-à-vis d'elle-même (parce qu'elle s'est adaptée, par ailleurs, à son mari), alors sa rencontre avec son enfant tourne à une épreuve de force. Dans ces conditions, le développement du moi de l'enfant sera arrêté et ne sera plus qu'une aspiration non satisfaite [6] et une attente de récompenses toujours déçue. L'impuissance devient maintenant quelque chose d'aussi insupportable que redoutable. L'enfant apprendra une *leçon fondamentale* illustrée par les relations que les parents entretiennent entre eux et avec lui : le pouvoir rend celui qui l'exerce moins vulnérable. Dès leur bas âge, les enfants comprennent que leur mère croit se sentir plus forte en abusant de leur impuissance.

De telles expériences sont enracinées dans les étapes préverbales et prélogiques du développement. Au sens littéral du mot, nous ne *savons* rien sur notre histoire précoce. Ce que nous aurions pu savoir est caché par les distorsions qui servent de camouflage aux intentions parentales. Nous apprenons ainsi dès notre plus jeune âge que, si nous voulons que nos relations avec nos parents soient supportables, nous devons les voir tels qu'ils voudraient qu'ils soient et non pas tels qu'ils sont vraiment. Ce faisant, nous perdons de vue notre vie et nos buts, et plaçons nos espoirs en ceux qui ont promis d'apaiser nos souffrances. Étrangement, Proust n'a pas vu que, derrière cette attitude, il y a un secret désir de vengeance.

« Vous *devez* calmer ma douleur, sinon vous ne valez rien », voilà le reproche inexprimé qui obsédera le reste de notre vie.

On peut trouver la source du mal et de l'autodestruction humaine dans un moi voué à l'oppression et à la domination des autres – notamment des femmes. Beaucoup d'hommes perçoivent plus ou moins leur fausse situation. Car, quelque part, à un certain moment, ils avaient fait des expériences contraires, peut-être très tôt, grâce à une mère empathique. C'est, peut-être, à travers leur « bouche chercheuse », comme Erikson (1958) l'a exprimé poétiquement, qu'ils ont eu accès à la joie et à l'amour maternel.

Mais la dissonance entre ces deux sortes d'expériences rend les hommes furieux, car ils sont pris dans l'engrenage vicieux du doute de soi. Ils ne peuvent pas se fier à leur propre vérité et ainsi – ni bien adaptés ni révolutionnaires – ils ne trouvent pas le contact avec les autres hommes. Ce sont eux les vrais perdants. Leur rage se soulage par des sorties destructrices, et dont les conséquences sont parfois fatales. Ce ne sont pas des êtres méchants, mais des désespérés, surtout s'ils ne se sont pas entièrement coupés de leurs sentiments.

Nous devons nous défendre des autres, de ceux qui prônent le mythe de la virilité. En exploitant notre confusion ils peuvent nous manipuler. Jouant avec notre impuissance, ils pensent nous amener à accepter la solution qu'ils nous offrent. La promesse d'un salut nous conduit, d'une manière récurrente et sous de nobles prétextes, à une décharge collective de sa colère accumulée. La guerre, la conquête, le nationalisme peuvent mobiliser nos énergies et nous faire renoncer à ce qui restait de notre moi.

Freud n'était pas tout à fait dans le vrai en suggérant que la sublimation était l'antidote de la rage et de l'agression. Lorsque l'arrogance conduit une nation à faire la guerre pour écraser une autre nation, quand des gens persécutent d'autres gens et se massacrent entre eux pour des raisons religieuses ou idéologiques, quand ils dévastent l'environnement au nom du progrès – tout cela est de la sublimation. La sublimation masque les tendances destructives, mais ne les supprime pas. Pour réduire ou éliminer ces tendances destructives, nous devons nous mettre au clair avec l'idéologie de notre moi, car c'est d'elle que vient tout le mal.

Il est essentiel que les hommes regardent en face leur peur et leur impuissance. Ce n'est qu'ainsi qu'ils deviendront conscients de leur rage et de ses vraies origines. Ce n'est qu'alors qu'ils concentreront leur attention sur les aspects de leur vie qui suscitent très spécifiquement leur dilemme. Ils seront alors capables de surmonter leur rage et de se libérer de leur sentiment de vulnérabilité en même temps que de celui de leur colère. En acceptant leur impuissance au lieu de la considérer comme une faiblesse et un défaut, ils se sentiront intégrés dans un monde plus large et interconnecté.

Un être humain qui accepte ainsi ses limites sera capable de reconnaître des forces qui lui sont extérieures sans se sentir pour autant diminué, et renoncera à ses rêves de grandeur. Cela le libérera de sa fureur primitive et destructive. Il n'y arrivera ni par la répression, ni par la sublimation qui, elles, contribuent à perpétuer les sources de la rage. En prenant en compte sa vulnérabilité, il sera investi de la seule force qui compte, celle qui nous permet de faire face à notre faiblesse. Celui qui a fait ce pas découvre qu'admettre nos faiblesses ne nous détruit pas, mais nous conduit, au contraire, à la véritable maîtrise de notre moi. Tout le reste n'est qu'une esquive. Si nous acceptons vraiment les femmes comme nos égales, si nous n'abusons pas d'elles pour éviter nos propres doutes, alors nous autres, hommes, aurons acquis la capacité fondamentale de nous confronter à notre propre moi.

IV

SANS UN PASSÉ, NOUS NE POUVONS PAS RIRE DE NOUS-MÊMES : L'importance de la stimulation pour la vitalité

En général, tout organisme exige des stimulations pour demeurer et se sentir vivant. La stimulation est nécessaire à la vie dès ses débuts et elle est nécessaire à son développement. Elle est responsable de la formation et du fonctionnement des organes. Les êtres humains sont modelés, dans une grande mesure, par la qualité et l'intensité des stimuli qu'ils reçoivent. Roffwarg, Muzio et Dement (1966) suggèrent que, à la fois dans l'utérus et immédiatement après la naissance, avant que le système nerveux central ne reçoive une stimulation extérieure suffisante, le sommeil REM (et les rêves qui lui sont attachés) sert de source endogène de stimulation. Selon eux, cela contribue à la maturation structurale et à la différenciation des régions sensorielles et motrices les plus importantes du système nerveux central, et les prépare au brusque flux de stimuli de la vie postnatale. La décroissance abrupte du sommeil REM lors du développement ultérieur de l'enfant montre qu'un cerveau plus mature a moins besoin d'une stimulation endogène.

La stimulation demeure cependant un facteur crucial. Les recherches au sujet de la privation sensorielle ont montré qu'un courant ininterrompu de stimuli extérieurs est la condition préalable à l'organisation du métabolisme, lequel est, à son tour, le soubassement de toute activité, depuis les soins accordés aux petits jusqu'à la solution des problèmes [1]. Un enfant qui ne reçoit ni chaleur humaine ni affection, par exemple, mourra, la satisfaction de ses seuls besoins physiques n'étant pas suffisante [2]. Un adulte qui est privé, ne fût-ce que partiellement, de stimuli (optiques, acoustiques, du toucher, olfactifs) peut développer un désordre mental, allant fréquemment jusqu'à la folie [3].

Nous sommes entourés d'une mer de stimuli : musique, radio, télévision, publicité, peintures, bruits de rue, journaux, livres, architecture, mode, couleurs, etc., que nous, les hommes, avons créés. Ces stimuli se réfèrent moins à nos besoins physiques qu'à notre état psychique. Enlevez-les de notre environnement et nous nous sentirons, en général, vides et apathiques. On peut dire, en effet, que – sans nous en rendre compte – ces stimuli nous fournissent l'impression d'être vivants. Cela veut dire que nous ne sommes pas à même de choisir librement et consciemment les stimuli qui peuvent renforcer cette impression. L'absence d'un choix et la dépendance qui en résulte nous sont cachées aussi longtemps que nous ne sommes pas conscients de ces contraintes et de cette dépendance. Pour être plus précis, il faudrait peut-être dire qu'il y a des gens qui *n'en sont pas* dépendants dans le sens que nous venons de préciser; ils sont capables de choisir, sans être conscients qu'ils possèdent cette aptitude. Entre ces deux pôles – être capable ou incapable de choisir ses stimuli – il y a toutes sortes de formes hybrides de transition.

Notre capacité de choisir ou non dépend de la qualité des stimuli auxquels nous avons été exposés dans notre prime enfance et qui, par la suite, nous poussent toujours plus loin dans différentes voies de développement. Cela explique le fait que, bien que nous vivions tous, en un sens, dans le même monde, nous cherchons des types différents de stimuli, ce qui nous fait vivre, finalement, dans des mondes différents.

Les stimuli que nous rencontrons peuvent être divisés en deux catégories fondamentales : les stimuli du premier type touchent notre monde intérieur et se réfèrent à nos sentiments et à nos besoins; ceux du second type font de nous des convoyeurs de réactions programmées à l'avance, des machines avec leur *input* et *output*. Dès lors que les stimuli de la première catégorie affectent notre monde intérieur, ils conduisent toujours à une nouvelle intégration psychologique. Cela produit, à son tour, des réactions correspondantes, dont chacune exprime le moi à travers un nouvel acte créateur. De telles réactions représentent une nouvelle et continue intégration d'éléments extérieurs et intérieurs. Le second type de stimulation, qui ne permet aucun accès direct à notre monde intérieur, est le signe d'une conscience diminuée et ne peut qu'aggraver l'affaiblissement de cette conscience.

Les deux types de stimulation animent la vitalité des gens (je ne parle pas ici de ceux qui s'efforcent d'exclure tout mouvement et tout contact avec le monde extérieur – en d'autres mots, de ceux qui préfèrent, fondamentalement, la mort à la « vie »). Les deux catégories de stimuli sont orientées vers la vie, mais elles se distinguent de par leur nature et de par leur implication dans l'existence humaine.

Un exemple : prise dans son ensemble, l'architecture urbaine du dix-neuvième siècle peut être considérée comme laide. Mais si nous contemplons un bâtiment public de cette époque, notre regard sera satisfait. Il s'attardera sur tel ou tel détail, complétera inconsciemment une ligne, une courbe, et, à la fin, nous nous sentirons gratifiés. Quelque chose a eu lieu : d'une certaine façon nous avons été induits à ajouter des éléments de notre cru, à contribuer à l'acte de perception. Un processus actif a été déclenché, et il a mis en jeu notre propre créativité.

Souvent, cela n'a plus lieu lorsque nous laissons notre regard glisser sur la façade d'un immeuble moyen moderne. Il peut être impressionnant, avoir même de l'allure. Mais, une fois inspecté, nous aimerions quand même en voir davantage. L'œil n'est pas « rassasié », nous ne sommes pas incités à participer à l'acte de perception. L'observateur a même reçu peut-être une impression directe de puissance; pourtant il n'est pas vraiment content, il voudrait trouver davantage.

Cet exemple démontre que, dans certains cas, notre monde de stimuli n'est plus en mesure de nous toucher ou d'affecter notre sensibilité. Il nous oblige à chercher toujours plus d'excitants, mais dont l'impact demeurera extérieur. L'effet de spirale continuera, et nous nous retrouverons « stimuli-dépendants » *(stimuli-bound)*.

Afin de nous sentir vivants, nous aurons besoin d'excitations extérieures de plus en plus nombreuses et la dépendance des stimuli deviendra un besoin vital. Or, ce genre de stimuli nous asservit, tout en nous laissant vides. Comme nous pensons qu'il nous en faut de plus en plus pour combler le vide, nous avons un besoin grandissant de ce qui, précisément, ne produit que le vide : musique bruyante, voitures, couleurs criardes, objets tape-à-l'œil, outils brillants, n'importe quoi pourvu que cela renforce la stimulation. A la fin, ce que nous cherchons pour nous éprouver comme vivants n'est plus que la rapidité avec laquelle les stimuli changent. La forme et le contenu des excitants extérieurs n'ont presque plus d'importance. En fait, les formes vides seront préférées, car celles qui ont un contenu et une signification compromettent la rapidité du changement. Trouver la signification d'une expérience demande, après tout, une organisation mentale et cela prend du temps.

La conscience modelée par notre monde contemporain de stimuli est une conscience rétrécie. Formée par les concepts abstraits au sujet de notre existence, cette conscience réduit de plus en plus sévèrement ceux qui sont exposés à ses effets. En partant de l'idée que l'homme est une machine caractérisée par les *input* et *output,* elle bloque l'accès à la vie intérieure, ne la laisse pas s'épanouir. A la fin, l'homme se conformera très exactement à ce qu'on attend de lui. La psychologie appelle presque de ses vœux ce processus. Le professeur de psychologie américain B.F. Skinner et son école – avec l'influence persistante de leur psychologie du comportement *(behavior)* à travers le monde – traitent les êtres humains comme si la liberté et la dignité n'existaient pas. (*Au-delà de la liberté et de la dignité* est l'un des ouvrages les plus célèbres de Skinner!) La justesse scientifique de telles prémisses est alors « prouvée » par le fait que les gens deviennent effectivement tels qu'ils sont supposés être. En les homogénéisant, et en les simplifiant, on efface la relation qui existe entre leur malaise psychique, dû au fait qu'ils n'ont pas d'accès à leur monde intérieur, et la réduction préalable de leurs dimensions humaines.

Nous trouvons dans l'architecture un autre exemple de cette mutilation – fût-elle inconsciente – que l'abstraction opère sur nous. Hugo Kükelhaus (1978), un philosophe européen de l'architecture a noté que, pour la plupart d'entre nous, la lumière n'est plus quelque chose qui se déploie. Cela a lieu, par exemple, dans une forêt, mais presque jamais dans l'architecture contemporaine. Celle-ci s'attache à faire tomber la lumière sur ou à travers de larges surfaces unies (plus elles sont grandes, mieux cela vaut!). De ce fait, la lumière qui pénètre dans une structure n'est jamais perçue comme étant du mouvement.

Les exemples que nous venons de donner révèlent un fait essentiel : l'appauvrissement des stimuli qui épanouissent notre monde intérieur. En perdant graduellement la capacité de percevoir la résonance de la stimulation intérieure, nous sommes privés de ces expériences qui enrichissent notre sentiment d'être bien vivants.

Dans ce contexte, les recherches menées par le psychologue, éthologue et neurologue américain H.G. Birch, voici déjà des années (1950), sont fort significatives. Il a démontré que des chats qui sont privés de tout stimulus mouvant ne deviennent jamais des chats normaux. Dans ses expériences, les chats n'apercevaient jamais des objets mouvants, même pas des ombres mouvantes. Leurs cages étaient éclairées indirectement et leur plancher était grillagé, de sorte que l'on y introduisait les boulettes de nourriture instantanément. Les chats qui avaient grandi dans ces conditions n'ont jamais attrapé la moindre souris. De même, des rates qui ont été empêchées de se lécher au moyen d'un « collier élisabéthain » ont fait preuve d'un comportement anormal à la naissance de leur portée (Birch, 1945).

Ce n'est pas seulement l'absence – ou la privation – de perceptions stimulantes dans notre environnement qui nous concerne. Ce qui est en cause ici, c'est aussi notre altération fondamentale en tant qu'êtres humains, car une personne privée d'expériences *intérieures* devient une autre sorte de créature. Le besoin d'une stimulation à partir du monde intérieur est toujours présent, mais lorsqu'il n'est pas satisfait, les gens se sentent vides et inquiets. C'est là l'une des raisons du malaise, des perpétuels sentiments d'insatisfaction que nous rencontrons dans une société opulente qui nous inonde de stimuli. Ces stimuli expriment et activent le plus souvent une conscience rétrécie; de plus, lorsque notre vitalité devient dépendante de leur flux constant, nous ne pouvons pas nous libérer de cette dépendance, bien au contraire : notre mécontentement intérieur, dont les causes réelles nous échappent désormais, nous entraîne imperceptiblement de plus en plus vers le monde extérieur, car nous avons appris que nous pouvons y trouver un semblant de vitalité.

Ce type de stimulation extérieure sollicite de simples réactions, jamais de la créativité, et nous transforme en robots. Nous nous comportons alors comme si nous pouvions nous retrouver dans les objets, par exemple dans les objets que nous possédons. Nous envisageons la vie comme si elle était circonscrite aux objets que nous possédons, et ainsi notre conscience est réduite à ce que le marché peut nous offrir. Notre personnalité est alors définie, en fait, par les produits de l'industrie. Il en résulte que nous sommes motivés par des désirs qui ne correspondent nullement à nos besoins profonds, mais qui ont été engendrés par une société de consommation.

La multiplication de cette sorte de marchés et d'appétits est alors identifiée à un élargissement de notre conscience et à un épanouissement de la personnalité. En réalité, elle ne nous isole que davantage de notre malaise et de notre vie intérieurs, lesquels se traduisent alors par une irritabilité aveugle. Nous essayons de neutraliser cette irritabilité par de nouvelles acquisitions et démarches extérieures, sans prendre conscience pour autant de notre détresse enfouie et de la rage qu'elle génère.

Nos efforts se dirigent vers toujours plus de technologie et de techniques, car elles nous éblouissent et nous fascinent. Mais cela ne nous est d'aucun secours. Il suffit d'observer les gens autour de soi pour découvrir combien d'entre eux s'affairent, se précipitent dans d'innombrables activités tout simplement pour fuir leur moi mal perçu et perturbant, mais qui exige ses droits.

Ce moi profond leur fait peur, même si cette peur, tout comme leur crainte d'être incapables et impuissants, demeure inconsciente. Au lieu d'éprouver de la peur, il leur arrive d'éprouver de l'ennui. Ce qui ne les précipite que davantage dans une activité frénétique. On a alors souvent l'impression d'une colère aveugle qui, de par son intensité, présente des aspects suicidaires. Les recherches du sociologue D.P. Phillips (1977, 1978) montrent qu'il ne s'agit pas là d'une simple impression subjective. Il a démontré, dans une série d'articles, que plus les mass media font état d'assassinats et de suicides, et plus les accidents de la route et du trafic aérien privé ou sportif se multiplient. On peut en conclure que ces informations stimulent et actualisent des rages latentes et diffuses, autant que destructrices.

Les tendances autodestructrices se renforceront aussi longtemps que nous nous « sentons vivre » à travers des réactions qui nous rattachent au monde extérieur. Car cela ne nous permet ni d'être nous-mêmes, ni de nous consacrer à la créativité qui, seule, nous permet de nous sentir « vivants ». *Pour nous sentir vraiment vivants, nous devons sentir et pas seulement réagir.* Nous devons tourner longuement autour des choses, car les forces créatrices que chacun d'entre nous possède ont besoin de temps pour émerger et imprégner notre activité. Faute de cela, nous devenons des robots soumis à des chaînes de stimuli. Dès lors que le monde extérieur auquel nous sommes accrochés verrouille l'accès à notre moi intime, nous devenons comme aveugles et perdons notre capacité de nous développer. Un être humain ainsi isolé de lui-même par les excitations qui le submergent voit sa manière de réagir – autrement dit sa personnalité et sa cohésion – se désintégrer. A moins qu'il n'ait acquis une force intérieure, un monde intérieur.

Il est étrange que les recherches sur la privation sensorielle s'arrêtent à la description des effets dévastateurs de l'isolement et ne nous livrent aucun renseignement sur le moyen de leur échapper. Les traitements statistiques de la plupart de ces recherches ne « saisissent » pas les individus qui, même dans ces conditions extrêmes, ne subissent *pas* une désintégration de leur personnalité. Pour apprendre quelque chose à leur sujet nous devons nous tourner vers les biographies de gens qui sortent de l'ordinaire et vers la littérature.

J'aimerais citer deux exemples biographiques :

l'amiral Byrd, le premier homme à avoir atteint le pôle Sud, et Evelyne Bone, la physicienne anglo-hongroise. Tous les deux ont été soumis à une privation sensorielle, bien que dans des conditions non expérimentales. Byrd s'est trouvé isolé pendant des mois dans une région polaire extrêmement monotone. Son autobiographie, *Seul,* nous offre un aperçu de sa vie intérieure extrêmement riche, qui l'a rendu indépendant de la stimulation sensorielle extérieure et lui a permis de surmonter un désarroi qui aurait pu le conduire autrement à la folie. Bone a connu une expérience similaire (1957). Elle a passé sept ans d'isolement dans une prison politique, où la stimulation venant de son environnement sensoriel était radicalement réduite. Mais grâce à sa vie intérieure, à ses pensées et à ses émotions, elle a pu garder son équilibre mental et ainsi se sauver. Mais tant Evelyne Bone que Byrd s'étaient créé, grâce au développement de leur personnalité, un monde intérieur. Que les recherches sur la privation sensorielle révèlent tant de désordres mentaux montre combien nombreux sont les gens qui n'ont pas accès à leur vie intérieure. Les résultats expérimentaux témoignent de la pression à laquelle nous sommes soumis aujourd'hui et qui nous rend de plus en plus dépendants des stimuli extérieurs.

Au sujet du thème qui nous préoccupe, il est intéressant de découvrir dans la littérature quelque chose que les hommes de science ne peuvent pas nous expliquer – ou, lorsqu'ils tentent de le faire, le font d'une manière inadéquate. Ainsi, dans sa nouvelle *Le Joueur d'échecs,* parue pour la première fois en 1943, Stefan Zweig décrit un cas de survie psychique dans les conditions écrasantes d'un emprisonnement par la Gestapo qui implique un isolement quasi complet. Le héros de l'histoire trouve son salut mental dans le jeu des jeux, les échecs, qu'il joue avec lui-même sur un échiquier imaginaire.

Je ne mentionne pas ces exemples pour nier l'importance de la stimulation extérieure, mais pour attirer l'attention sur une situation qui échappe presque entièrement à notre conscience; compte tenu des conditions auxquelles nous avons été de plus en plus exposés au cours de notre développement, nous sommes influencés d'une manière croissante par des stimuli qui n'affectent pas notre moi profond et, de ce fait, nous rendent toujours plus dépendants du monde extérieur. Une telle évolution peut conduire à l'illusion que nous sommes maîtres de nous-mêmes. Or, en cherchant le flux des stimuli extérieurs qui ne suscitent pas des réactions intimes, nous ne faisons que renforcer notre dépendance à leur égard. Ce cercle vicieux – en fait, une recherche frénétique du changement pour le changement – a des effets destructeurs, car il nous empêche de reconnaître nos véritables besoins. Nous serons gouvernés par des appétits suscités par des pressions extérieures. Notre ego profond demeurera à l'écart et insatisfait. Il en résultera un malaise qui engendrera, à son tour, rage et pulsions destructrices.

Et il sera difficile de retrouver le chemin qui conduit à soi-même. On aurait besoin de maîtres mais on ne le sait pas. Car dans l'environnement qui nous conditionne, chacun agit selon le même modèle : la recherche effrénée dirigée vers l'extérieur. Nous ne sommes pas en mesure de prendre conscience de nos traumatismes, ni de la perte de notre capacité d'accéder à nos besoins et à nos émotions. Nous nous trouvons là devant la mort de l'expérience humaine. Notre réalité est devenue irréelle, car nous n'avons plus de relations avec nous-mêmes qu'à travers des concepts abstraits constitués hors de nous. Nos véritables besoins, que nous ignorons, sont désormais hors de notre portée.

Entourés des choses mortes que nous possédons et soumis au changement pour le changement, nous faisons du sur-place. Plus nous cherchons des changements à l'extérieur, plus nous changeons de vêtements, de lieu, de voiture, de gadgets – et moins nous tolérons l'incertitude dans laquelle nous plonge le quotidien. Cela semble paradoxal parce que nous ne nous rendons pas compte que notre avidité des choses nouvelles découle de la peur d'entrer en contact avec nos sentiments intimes. Nous tenons ces sentiments à distance et, de ce fait, ils nous paraissent étranges et menaçants. Ce sont eux qui engendrent cette insécurité qui, aujourd'hui, nous oppresse. Aussi n'est-ce qu'en rétablissant le contact avec nos sentiments profonds que nous pourrons échapper à notre désarroi.

Il y a, à ce sujet, quelque chose qu'il ne faut pas oublier : l'humour est un élément important de notre vie. Nous en avons besoin, non seulement parce qu'il nous aide à surmonter nos soucis, mais aussi parce qu'il nous fait nous sentir plus vivants. Sans lui, nous sommes inanimés et, en effet, ceux d'entre nous qui n'ont pas le sens de l'humour nous paraissent morts ou mortifères. Hélas, l'humour aussi se rétrécit comme une peau de chagrin.

Si nous comparons les comédies filmées d'aujourd'hui à celles du passé, on s'aperçoit que quelque chose a changé, que quelque chose manque. Même quand les films récents sont parfaits du point de vue technique, même quand ils nous font rire, ils nous laissent une impression de vide.

Prenons comme exemple un vieux film des Marx

Brothers. Il montre Groucho de retour d'un safari en Afrique. Il arrive aux États-Unis, assis dans un fauteuil élégant que portent des Noirs couverts de leurs panoplies guerrières. Lorsqu'il est déposé à New York, il demande au chef de la tribu : « Combien? » Le chef répond : « Vingt et un dollars. » Groucho, sur un ton de reproche : « Je vous ai pourtant dit de ne pas passer par l'Australie. » Dans un autre film, Groucho achète dans une gare new-yorkaise un billet pour la Californie. L'employé du guichet lui dit qu'il coûte cent seize dollars. Groucho lui tend une liasse de billets et lui dit : « Vous n'avez pas besoin de compter. » L'employé les compte quand même, bien entendu, et lui dit qu'il manque seize dollars. Et Groucho de répliquer, indigné : « Je vous ai pourtant bien dit de ne pas les compter! »

Pourquoi ces vieilles comédies se sont-elles enracinées si fortement dans notre mémoire? C'est qu'elles agissent en nous comme un principe actif, qu'elles éveillent quelque chose qui sollicite nos propres expériences profondes. Les comédies filmées récentes ont l'air, en revanche, d'agir comme des stimuli. Elles déclenchent des réactions immédiates, mais sans susciter de processus intérieurs médiateurs. Ces réactions sont celles d'un robot. Il leur manque toute empathie véritable et, de ce fait, il faut bien le constater, quelque chose de fondamental a été perdu.

J'ai assisté, dans un cinéma, à la projection de deux films. Le premier était un vieux film des frères Marx et le second une comédie moderne. Le public, formé surtout de jeunes gens, n'a pas réagi beaucoup au film des frères Marx. En revanche, lors de certaines scènes du film plus récent, qui accumulaient les mots « baiser » et « merde », il hurlait de rire. Le contexte scénique était plus que mince, mais les sous-entendus antisociaux des mots semblaient libérer, à travers des rires rauques, une colère refoulée. Dans ce sens, la réaction était pour ainsi dire « programmée ».

Pour trouver du plaisir à un film des Marx Brothers, on doit se sentir « bien dans sa peau », y participer par une réaction créatrice. Les jeunes gens n'avaient manifestement aucun accès à leur moi profond; bien plus, ils se refusaient d'une manière agressive à ce qu'on le leur rappelle, en manifestant leur ennui d'une manière démonstrative.

Bien entendu, il n'y a pas que les films qui ont changé. On peut observer partout un changement radical dans nos relations avec nos sentiments et nos forces créatrices. Si nous n'encourageons pas nos sentiments authentiques et notre créativité, ceux-ci s'étiolent et s'appauvrissent graduellement. Le vide qui en résulte nous rend furieux, et cela d'autant plus que le malaise qu'il engendre nous paraît menaçant et qu'il accroît notre potentiel destructif.

Lorsque nous sommes amenés à jouir d'une œuvre d'art, lorsqu'un film nous touche profondément, nous apprenons – même au-delà des mots – quelque chose sur nous-mêmes. Mais nous sommes affrontés toujours davantage à un monde qui nous empêche de nous connaître. Nos vies se transforment en des séquences de réactions programmées à l'avance remplaçant les expériences perçues en profondeur. Le feu roulant des changements se substitue aux sentiments. On ne nous permet plus de nous attarder sur nous-mêmes, de réfléchir à ce qui nous arrive. Tout nous est présenté sous la forme de « portions », pesées d'avance, et parfois même prédigérées, pour une consommation immédiate. Ainsi, n'éprouvons-nous plus *la tension en tant que source de nos propres agissements.*

Notre dépendance d'une stimulation unilatérale s'accroît tous les jours. Beaucoup de gens ne peuvent même plus se déplacer sans un walkman collé à l'oreille. Cela parce qu'ils ne peuvent pas supporter leurs propres émotions ou la sensation de vide qui s'empare d'eux dès lors que des stimuli externes ne sont plus là pour maintenir artificiellement leur sentiment d'être vivants. Il est important de le souligner : parce que nous avons fait nôtre ce monde de stimuli et ses valeurs, nous nous croyons autonomes, sans nous rendre compte que nous vivons bel et bien dans le *1984* d'Orwell. Il est choquant de constater que la situation décrite dans le célèbre roman ne se rencontre pas seulement dans des régimes de dictature et de terreur, mais aussi, et à un haut degré, là où ne se manifeste aucune violence officielle.

La séparation de notre moi véritable influence aussi la manière dont nous envisageons notre histoire personnelle. Les gens agissent de plus en plus souvent comme si leur passé n'avait aucune signification pour leur vie d'aujourd'hui.

Cela me rappelle l'attitude de l'une de mes étudiantes de l'université Rutgers. J'avais parlé du dramaturge américain William Hanley et de sa pièce *Slow Dance on the Killing Ground* * (1964). Dans ce chef-d'œuvre, trois personnages ont eu derrière eux une vie terrible, parsemée de traumatismes. Deux d'entre eux ne semblent pas marqués par ce passé. Rosie, une collégienne moderne, intellectuelle et coupée de ses sentiments, est sur le point de subir un

* *Danse lente sur un parterre mortel.*

avortement, ce qui ne l'affecte pas plus que si elle avait à trancher un salami. Glass, un ancien communiste allemand, compense ses remords d'avoir abandonné sa femme aux nazis par une totale soumission idéologique. Seul Randall, qui a tué sa mère parce que la vie de prostituée qu'elle menait le blessait profondément, éprouve de l'horreur pour ce qu'il a fait. Mon étudiante en psychologie observa qu'elle ne voyait pas l'importance que pouvait revêtir le fait d'avoir une mère qui se prostitue. Nous sommes entourés d'une « amnésie sociale » (Russel Jacoby, 1975). Il s'agit du refoulement délibéré de certaines choses dont nous étions conscients mais qui nous inspiraient de la crainte; le refoulement concerne alors aussi bien la crainte que la situation qui l'a fait naître.

J'aimerais, après cette digression, revenir au thème de l'humour. Sans un lien avec le passé, nous ne pouvons pas rire vraiment de nous-mêmes. L'humour présuppose un contact vital avec notre propre passé.

Dans le film *Hôtel International,* nous voyons l'acteur comique W.C. Fields voler joyeusement à travers les nuages dans une sorte de prototype de l'hélicoptère, lorsqu'il s'aperçoit brusquement que ses réserves de bière sont presque épuisées. Il atterrit sur le toit d'un « hôtel international » en Chine, où l'élite de la ville boit le thé de l'après-midi. D'une voix forte, bien que légèrement inquiète, Fields demande où il se trouve. « A T'ien-Tsin, Chine », lui répond-on poliment. « Je cherche Kansas City, dans le Kansas », s'exclame-t-il avec une indignation désespérée. « Vous vous êtes perdu, monsieur! » crie une voix aiguë. A la suite de quoi Fields se dresse de toute sa stature, bombe le torse et hurle : « C'est Kansas City qui s'est perdue! Ce n'est pas moi! »

Ce qui fait rire ici, c'est qu'un être qui n'a jamais eu une véritable connaissance de soi, qui n'a jamais été véritablement vivant, se croit volontiers le centre du monde.

V

DES PATIENTS EN PSYCHOTHÉRAPIE

La plupart des cultures [1] doivent être considérées comme les instruments qui suscitent et maintiennent des déchirures dans la conscience humaine. Lorsque nous décrivons et analysons une civilisation, nous devrions toujours nous demander : jusqu'à quel point la civilisation (ou la culture en question) empêche-t-elle les enfants de se rendre compte de la suppression de leur autonomie? Comment s'y prend-elle pour compromettre leur prise de conscience des véritables sources de leur impuissance et de la rage qui en résulte? Comment la « culture » transforme-t-elle cette rage et les tendances destructives qu'elle engendre en des attitudes qui nient le besoin humain d'amour et de sympathie, rendant ainsi les gens insensibles à ces émotions?

De telles questions nous confrontent avec le phénomène de clivage et d'aliénation dans une culture donnée. Elles nous permettent de distinguer – aussi étrange que cela puisse paraître – les cultures qui abritent les germes de la mort et de la haine destructrice de celles qui servent la vie. Elles émergent d'une orientation qui voit dans une vie « bien adaptée » le produit final d'un développement fondé sur la fragmentation de la conscience. Poser ces questions nous aidera à résoudre le mystère de la maladie psychique. Pour cela nous avons besoin d'une large perspective qui prend en compte toutes les relations de la culture avec le développement de l'individu. Cela va nous révéler le sens véritable de la « maladie » psychique : les gens incapables de vivre avec une fracture dans la structure de base de leur personnalité tombent « malades ».

Ceux d'entre nous qui ont toujours la nostalgie de l'autre rive [2] de la sensibilité – autrement dit qui croient toujours en l'espoir d'aimer une autre personne dans le respect de son individualité et désirent être aimés de la même façon – doivent, pour cela, payer le prix. Ils se sentent aliénés, souffrent sans savoir pourquoi, éprouvent souvent de l'anxiété. Ils peuvent rencontrer l'échec dans leur vie ou leur travail. D'une façon ou d'une autre, ils deviennent des marginaux.

Certains sont incapables, dès le tout début de leur développement, de vivre avec la fracture que leur impose leur culture. D'autres, seulement à partir du moment où ils sont confrontés à des émotions qu'ils n'ont apparemment jamais éprouvées auparavant et qu'ils ne peuvent pas maîtriser. C'est pourquoi nous rencontrons en psychothérapie deux catégories fondamentales de patients : ceux qui ont « toujours » eu des difficultés dans leur vie et ceux qui souffrent d'une « brusque » dépression qui semble leur tomber dessus d'un ciel sans nuages. Cela ne veut pas dire que tous ceux qui correspondent à ces caractéristiques subissent une psychothérapie ou devraient en subir. Beaucoup d'entre eux ont assez d'énergie, ou encore des amis ou un partenaire, susceptibles de les aider à se reprendre en main.

La première catégorie de patients a toujours eu des difficultés à accepter les voies et les moyens que leur offrait leur culture pour « sublimer » leurs sentiments d'impuissance et de colère, c'est-à-dire l'obéissance, le conformisme, la suppression d'émotions intenses, la maîtrise de diverses techniques. Dès leur prime jeunesse ils n'ont pu tolérer un style de vie modelé par les multiples formes de domination et de contrainte. Ils ne se sont jamais soumis complètement à la pression sociale qui essayait de les couper de leur sensibilité. Le mensonge culturel affirmant qu'on supprimait leur autonomie « par amour » contredisait par trop leurs propres et fortes perceptions. Ils devenaient des « malades » parce qu'ils refusaient, même s'ils n'en étaient pas conscients, de participer à une telle tromperie. Leurs protestations et leurs refus, cependant, ne font pas toujours surface, car ils sont intimidés par leur propre rage. Cela augmente la peur que leur inspirent leurs oppresseurs actuels, dont « l'amour » leur avait paru si nécessaire quand ils étaient des enfants. Par conséquent, ils ne sont pas seulement effrayés par leur propre agressivité, mais ils croient, de plus, qu'ils sont « mauvais ». Dès lors, leur rébellion s'exprime le plus souvent à travers une conduite d'échec.

Beaucoup de ces patients nous consultent avec « l'espoir » secret que la situation dans laquelle ils se trouvent leur est imputable. Ils voudraient que la thérapie les rende semblables au reste d'entre nous : bien adaptés, obéissants, performants et libres d'agir d'une manière destructive comme les autres. Certains patients, cependant, souhaitent réellement aller au fond des choses, mais ne savent pas comment s'y prendre. Les premiers, une fois libérés de leur sentiment de culpabilité, peuvent être transformés, effectivement, en citoyens performants, ambitieux, insensibles et sans scrupules. Les seconds donnent plus de mal au psychothérapeute ou psychanalyste. On les considère souvent comme des « cas limite », comme trop malades pour qu'on puisse vraiment les aider. Autrement dit, on n'accepte pas leurs plaintes constantes – formulées souvent d'une manière voilée, obscure et totalement inappropriée – au sujet d'un monde extérieur qui ne tourne pas rond. Personnellement, je trouve que le travail avec ce genre de patients est le plus prometteur.

La seconde catégorie inclut ceux qui se voient confrontés brusquement à des émotions qu'une césure de la conscience, conditionnée officiellement et culturellement, leur avait permis d'éviter jusqu'alors. Elle est constituée, elle aussi, de deux groupes. Ceux du premier groupe ne veulent rien d'autre qu'être ramenés à leur précédent état d'insensibilité. Ceux du second groupe aimeraient saisir leurs difficultés et leur crise comme une chance de surmonter leur déchirement intérieur. Les premiers sont les patients préférés des psychothérapeutes et psychiatres, qui travaillent surtout avec des médicaments psychotropes, des électrochocs, une thérapie comportementale et, parfois, avec certaines thérapies de groupe. Ils essaient « d'aider » les patients à supprimer les émotions qui sont à l'origine de leurs troubles. Les patients du second groupe peuvent devenir de véritables combattants, qui saisissent l'occasion de leur effondrement psychique pour s'intégrer une fois pour toutes. (Par la puissance de leur motivation – et non pas par leur adaptation antérieure – ils ressemblent souvent aux « cas limite » de la première catégorie.)

Ce dernier type de patients peut être illustré par le cas d'une femme d'affaires de quarante ans, énergique, ayant connu la réussite, et qui s'est confiée à mes soins. Plusieurs mois avant de me consulter, elle avait rencontré un homme dont elle avait retiré l'impression qu'il prenait soin d'elle, qu'il la soutenait, la consolait. Pour la première fois de sa vie, quelqu'un retirait un poids de ses épaules. Mais dès qu'elle avait commencé à réagir d'une manière spontanée, à faire connaître à son partenaire ses besoins, il s'était retiré. Or, elle était persuadée que cet homme, qui avait si bien su mettre à nu et révéler ses besoins, tenait son destin entre ses mains. Sa défection avait ôté tout sens à sa vie.

Cette patiente avait vécu jusqu'alors sans amour. Elle n'avait connu l'amour que sous la forme du froid intérêt que lui manifestait sa mère. Mais lorsque ses fantasmes longuement réprimés concernant le soutien espéré d'un père qu'elle n'avait pas connu furent stimulés et mis au jour par son nouvel admirateur, elle se trouva complètement à la merci de ces sentiments qu'elle avait tenus en échec toute sa vie en se montrant « forte », efficace, indépendante et couronnée par la réussite. Comme la société trouvait ces qualités positives et gratifiantes, elles avaient conforté son image de soi.

Cette césure dans sa conscience qui lui permettait de *ne pas* être confrontée aux blessures que lui avait infligées une mère peu empathique avait été aussi à l'origine de son besoin de devenir forte, indépendante, et de rechercher le succès. Seulement, voilà : à partir du moment où l'on avait éveillé son besoin de chaleur humaine, d'être prise en charge – et aussi peu réaliste que pût être son espoir de voir ses besoins satisfaits –, sa force s'était évaporée.

L'image de soi maintenue grâce à la césure et au refoulement se désintégra sur le plan psychique, mais aussi physique, une tension artérielle élevée étant l'un de ses symptômes physiques le plus sérieux. La patiente, cependant, ne voulait pas résoudre ses problèmes par le recours aux tranquillisants. Elle avait pressenti l'existence d'un « autre rivage », la promesse d'autres mondes et son médecin encouragea cette attitude. Cette femme devait découvrir, grâce à la psychothérapie, son propre moi : elle se rendit compte que sa peur d'être seule, le fait de s'accrocher à cet homme n'étaient pas autre chose que la peur de posséder un moi propre. Sa « force », son « indépendance », dont les manifestations en imposaient aux autres, se révélèrent n'être que les réponses qu'elle apportait aux attentes et aux demandes de sa mère et de son environnement. Sa véritable vitalité et sa joie de vivre demeuraient enfouies au plus profond d'elle-même.

Lorsque ses besoins ensevelis avaient refait surface, elle s'était accrochée à un homme qui, tout comme sa mère, était profondément effrayé par ses exigences. La peur engendrée par la nouvelle situation la conduisit, une fois encore, à ignorer son moi vital. En effet, lorsqu'on remonte à ses émotions originelles, on réactive l'angoisse de se voir impliqué dans l'épanouissement d'un moi qui nous soit propre. Voilà pourquoi la solitude devient alors insupportable. Nous avons absolument besoin de quelqu'un d'autre, qui nous permettrait d'éviter la confrontation avec notre moi profond et l'anxiété qui lui est attachée depuis notre prime enfance.

Beaucoup de gens s'accrochent les uns aux autres pour échapper à leur moi. Cette femme, cependant, a eu le courage de se redécouvrir elle-même, de retrouver sa sensibilité et son autonomie et de modifier ainsi cette part de sa personnalité qui était devenue prisonnière du monde extérieur – par exemple du succès financier.

A ce propos, les psychothérapies se différencient fondamentalement. Les unes soutiennent les tendances culturelles qui aboutissent à un clivage de notre conscience. Les autres recherchent la vérité profonde des individus et le moyen de leur procurer des relations authentiques avec le monde. En dernière instance, chaque psychothérapie est une intervention morale, car le mal dans l'homme commence avec l'incapacité de certains d'entre nous à maîtriser les expériences de leur enfance et de leur jeunesse qui ont provoqué une césure dans leur conscience.

Le défi moral de la psychothérapie est ambigu : *doit*-elle aider le patient à trouver la force d'intégrer ses expériences douloureuses, ou n'est-elle qu'un moyen subtil destiné à lui permettre de continuer à se renier et à refouler cette sensibilité, cause de sa rébellion – même dans les cas où il n'en a pas pris conscience? D'une certaine façon, comme dans l'exemple discuté ci-dessus, le choix dépend du patient. De toute façon, il existe un lien incontournable entre la « maladie » du patient et une sensibilité qui ne le laisse pas en paix.

Les psychothérapeutes doivent-ils s'efforcer de faire taire cette sensibilité? Ne trahissent-ils pas ainsi la vérité? Et s'ils procèdent de cette manière le font-ils pour le bien du patient ou parce qu'ils s'identifient eux-mêmes aux pouvoirs dominants et qu'ils sont eux-mêmes imbriqués dans le processus culturel qui vise à cliver la conscience?

Comment le psychanalyste Michael Maccoby, qui, dans son livre *Le Joueur : le manager d'aujourd'hui* (1980), montre ses héros en train de mesurer leur virilité par la distance à partir de laquelle ils peuvent uriner contre un arbre, ou au mépris qu'ils éprouvent pour les femmes, n'a-t-il pas remarqué à quel point de tels comportements et de telles attitudes relèvent de la mégalomanie, sinon d'une certaine forme de folie? Maccoby évoque ces façons de se conduire chez des managers de premier plan et fort respectés, en les considérant comme parfaitement normales. Dans quelle mesure y a-t-il été entraîné par sa propre identification au succès et au pouvoir? Selon moi, il a confondu l'*absence* d'anxiété avec la santé.

Le fait crucial est que *des gens qui se permettent d'avoir des sentiments s'exposent à éprouver aussi de l'anxiété.* D'autre part, les fantasmes du pouvoir nous protègent de l'anxiété, comme de tous sentiments différenciés et subtils – tout au moins jusqu'à ce que la sensibilité réprimée se manifeste d'une manière brutale. L'attitude de Maccoby est l'exemple même d'une remarquable scission et désintégration des sentiments. Autrement dit : ne sont admis ici que des sentiments qui servent une identité artificielle, fondée uniquement sur le pouvoir.

La souffrance de nos patients découle, d'une manière spécifique, de leur identification à un pouvoir qui aliène leur propre moi. Malgré cette identification, tous – même les mieux adaptés – craignent d'être blessés, d'avoir à se considérer comme « faibles » parce que submergés par le besoin qu'ils ont d'une autre personne. Comme ils sont conscients de cette souffrance, ils sont aussi, jusqu'à un certain point, conscients de leurs peurs.

Dans les pages qui suivent, j'aimerais montrer – compte tenu des conditions qui prévalent dans notre culture – combien confuse demeure la tentation d'intégrer nos expériences aussi diverses que contradictoires. Nos modèles culturels offrent comme remèdes (on devrait dire comme anesthésiants) le rôle des autres, la domination, le pouvoir. En fait, ils bloquent un processus vraiment curatif qui pourrait inverser notre condition de « désintégrés ».

J'ai eu comme patiente une femme énergique, pleine de vitalité, bouillonnante. Un jour, elle vint me consulter en proie à une fureur qu'elle essayait de cacher de son mieux. Elle s'était à peine assise qu'elle me dit à quel point elle me faisait confiance. J'ai senti que c'était le contraire qui était vrai et je lui demandai finalement si elle était en colère ou effrayée.

Elle me regarda, étonnée : « En colère? Oui, je sais ce qu'est la colère, mais effrayée? » Puis elle explosa : « Je ne veux pas être dominée! Il faut que les choses se fassent à ma façon! »

Je me demandais pourquoi cette patiente tenait, pour moitié, à se confier à moi, alors que, pour l'autre moitié, elle semblait ne pas pouvoir partager sa confiance avec un autre.

Je lui en fis l'observation et elle me répondit :

« Je ne sais pas, mais je n'aime pas céder.

– On dirait que vous vous sentez obligée de lutter avec moi », lui dis-je. Car je sentais qu'elle luttait contre son propre besoin de faire confiance, besoin qu'elle prenait pour une faiblesse. Je lui dis alors que j'avais l'impression qu'elle se comportait exactement comme elle m'avait dit que sa mère se comportait :

d'une manière brusque, glaciale, méprisante. Son attitude changea aussitôt. Pour la première fois, ce jour-là, elle me regarda en face et observa tristement : « C'est terrible. »

Terrible, peut-être, mais vrai. En étant désagréable et froide, en disant de cette façon « non! » à l'homme dont elle m'avait parlé et qui l'aimait vraiment, elle demeurait loyale à l'égard de sa mère et justifiait son comportement. De cette manière, la patiente renforçait la césure, le rejet de ses émotions, dont la mère était responsable. En reproduisant le modèle maternel, elle cessait d'être elle-même.

« Je me tiens à distance, juste ce qu'il faut pour être exécrable! »

Je répliquai :

« Oui, vous assumez le rôle de votre mère. Vous pouvez changer cela, mais vous éprouvez alors de l'angoisse. »

Elle dit :

« Cela sonne juste, mais pourquoi?

– Nous verrons », lui répondis-je.

Après un silence :

« C'est vrai, je ne fais confiance à aucun homme, vous inclus. Ma mère, non plus, ne faisait jamais confiance à un homme. Ce n'est pas que je l'aime, mais je pense qu'elle s'appuyait sur moi. Je veux dire que j'étais le seul être vers lequel elle pouvait se tourner. »

Voilà comment des parents modèlent leurs enfants selon leur volonté et en font, au cours de ce processus, des infirmes.

Pour arriver à la dominer, la mère de Mary avait employé une ruse : elle donnait à sa petite fille de l'importance. Grâce à cette astuce, Mary avait l'impression d'avoir « prise » sur sa mère alors qu'en réalité c'était l'inverse.

Et puis, au cours de la séance, tout le reste fut démêlé : les compromis que nous faisons et notre recours quotidien aux mythes qui semblent nous procurer l'estime de soi grâce à nos victoires sur les autres, mais qui, en fait, nous détruisent.

« C'est ça! Attendez, il y a là un rapport avec Doris (l'ex-femme de son mari). Une sorte de fantasme. Je ne sais pas, ça vient. Non, je n'arrive pas à le saisir. Il y a là un rapport entre elle et ma mère. Elles se ressemblent. Je me sens comme Peter Pan (le héros victorieux du livre pour enfants, mais qui ne voulait jamais grandir). Je crois que je me sens victorieuse, que je me sens meilleure qu'elle. »

« Pourquoi victorieuse? Quelle importance cela peut-il avoir? Pourquoi vous réjouir du sentiment que vous êtes autre? En faire un triomphe, c'est *ça* qui vous relie à votre mère.

– Attendez, je m'étais proposé d'écrire une nouvelle. »

Il se révéla que la nouvelle de Mary tournait autour d'événements qui justifiaient le mépris de sa mère pour sa propre famille.

« Votre nouvelle, dis-je à Mary, signifiait, et signifie toujours, que vous approuvez les sentiments de supériorité de votre mère. Autrement dit, vous considérez *les autres bien pires qu'elle n'est elle-même,* ce qui la rend moins mauvaise à vos yeux, et cela vous a évité de désespérer d'elle. Mais votre triomphe est creux. C'est vrai que les autres étaient pires, mais ce qui n'a pas été dit, *c'est que vous appartenez tous à la même catégorie,* de sorte que vous n'êtes pas libre de vous séparer d'eux... Aucun triomphe n'est de mise.

En fait, *vous êtes différente,* il n'y a pas de lien entre vous, elle et les autres. »

Un long silence s'ensuivit.

« Ha! Quelle révélation! Ainsi je suis différente, je n'ai jamais voulu l'être, je voulais me perdre dans une foule de grosses femmes... Je *suis* différente... Mais peut-être que je ne veux pas l'être!... »

Pourtant, elle l'était. Sans le savoir, elle avait lutté courageusement contre le passé. D'abord, d'une manière autodestructive. Elle avait épousé un premier mari qui, tout en prenant soin d'elle, la chicanait, confortant ainsi son mépris de soi et de toutes les femmes. Elle s'efforçait pourtant, constamment, de maîtriser sa vie. Elle s'occupait de son mieux de ses enfants, luttait pour maintenir sa créativité en écrivant et en peignant, ce dont elle arrivait à se réjouir de temps à autre.

« Je ressens soudain une vague d'amour pour John (son mari actuel). Si je suis vraiment différente, je peux l'aimer! Savez-vous, me sentir une autre me rend craintive! Que dois-je faire?

– Apprendre à vivre avec. Vous pensiez que votre mère était forte, parce qu'elle semblait n'avoir peur de rien. Elle niait sa peur, l'écartant comme un signe de faiblesse. Elle méprisait tout ce qui constitue notre humanité.

– Oui, elle m'a paru toujours gigantesque! »

Mais la peur d'être elle-même persistait chez Mary, comme chez nous tous. Lors de la séance suivante, elle parla des buts qu'elle avait atteints. Des articles dus à sa plume paraissaient en même temps dans plusieurs magazines. Mais lorsqu'elle m'en parla, elle ne me donna pas l'impression d'être vraiment sûre d'elle-même.

« Lorsque je suis rentrée, avant-hier, j'ai embrassé John encore et encore. Tout cela semblait se référer à ce dont nous avions parlé lors de la dernière séance, comme quoi je suis différente. Je sais et pourtant je ne sais pas de quoi nous parlons.

– Qui risque de mourir, demandai-je, si vous laissiez quelqu'un partir ? » (Je faisais allusion à sa mère.)

Elle :

« Moi, à mes yeux, ma mère était la vivacité même, la vitalité personnifiée ! »

Cela était vrai. Sa mère avait, sans aucun doute, de la vitalité. Je continuai à la questionner :

« Qu'est-ce donc, en vous, qui vous terrorise ? »

Elle :

« J'avais des fantasmes, je m'imaginais sans John, c'était effrayant ! qui va s'occuper de moi quand je serai seule ? Cela a un certain rapport avec ma mère, quelque chose qui pourrait se désintégrer, quelque chose d'enfoui sous la colle ! Ouf ! peut-être que si je me laissais aller, ça a l'air fou, je n'aurais plus rien à justifier de ce qui est sale en moi ? » (Elle faisait ici allusion aux enchaînements mis en évidence lors de séances précédentes : « Si je ne ressemble plus à ma mère, je serai seule responsable du fait d'être une autre personne que ma mère, et je me sentirai alors en accord avec mes propres émotions ».) « Ça y est ! Je ne savais pas ça ! C'est bien ça, définitivement. *Qu'est-ce que je fais maintenant ?* Oh ! le vieux cordon en argent, le cordon ombilical ! »

Elle avait compris que cette question était superfétatoire, dès lors qu'elle se comportait en ma présence *comme si* elle était la propriété de sa mère (ma propriété ou celle de quelqu'un d'autre), comme si elle ne pouvait pas disposer d'elle-même.

« Et lorsque John dit qu'il ne sait pas ce qu'il a fait pour me mériter, je me sens si responsable. Oh! c'est ça! Je l'avais presque oublié : pour me justifier, je m'accroche à ma mère, parce que ses saletés justifient les miennes. C'était comme si ma vie entière était devenue brusquement claire pour moi, pour un peu je me serais dupée moi-même. »

On voit ici pourquoi tant de gens parmi nous sont si souvent en colère. Vouloir être tels que nous pourrions être, avec pas moins d'humanité que d'autres, signifie aussi avoir peur et être profondément inquiets. Nous nous trouvons ainsi en contradiction avec nos expériences les plus précoces. Car être *moins* que les autorités qui nous entourent (par exemple, nos parents), nous faire petits et nous laisser amoindrir, devient pour beaucoup d'entre nous un moyen d'apaiser, d'endormir les autorités.

Renoncer à un tel mécanisme de défense engendre, bien entendu, la crainte et le malaise. Voilà pourquoi tout ce qui nous incite au changement éveille en nous tant de colère.

Le paradoxe de ce que nous appelons la psychopathologie réside dans le fait que tant d'hommes et de femmes tombent malades parce qu'ils ont gardé une sensibilité qui contredit la « réalité » de ce monde fissuré auquel ils sont soumis alors que, par ailleurs, ils s'identifient à ce même monde oppressant. Il en résulte qu'ils subissent eux-mêmes une fêlure et ce qui les menace n'est qu'une partie d'eux-mêmes. C'est pourquoi beaucoup d'entre nous croient que détenir le pouvoir qui leur a infligé des blessures peut les guérir de leurs souffrances.

Les êtres qui nous paraissent le plus perturbés, les schizophrènes, sont aussi ceux qui se défendent le plus radicalement contre cette identification : ils essayent de se retirer complètement de notre monde. De ce fait, ils sont considérés comme des êtres *dissociés,* clivés, car le processus d'une telle « dés-identification » suscite une coupure entre l'affectivité et l'aspect social des relations humaines naissantes. Là où d'autres utilisent la pitié comme une arme leur permettant de se sentir supérieurs ou d'opprimer d'autres personnes, les schizophrènes sont incapables d'éprouver de la pitié. Ils peuvent rire là où nous, qui respectons les règles du jeu, attendons des réactions de compassion, de bonté, de tristesse. Au moyen de la « dés-identification », ils refusent de participer à ce comportement socialement consacré. Aussi ne vivent-ils pas dans notre réalité, mais ils la connaissent ou la connaissaient, même s'ils donnent l'impression de l'approcher avec une perception tout à fait inadéquate. On peut affirmer d'eux qu'ils sont plus proches de la vérité, tout en étant hors de la réalité.

Il est important de distinguer la cassure dont sont l'objet les schizophrènes, de la césure que produisent dans la conscience les nombreuses formes de faux amour. Ce dernier perturbe ou rend même impossible notre perception de nous-mêmes, l'image que nous avons de nous-mêmes, et toute relation appropriée devant des relations qui impliquent l'oppression et l'amour. D'autre part, un aspect essentiel de la fissure qui s'est opérée chez les schizophrènes est lié à la découverte de ce fait, même s'ils sont incapables d'exprimer en termes réalistes ce qu'ils ont ressenti à un stade préverbal. Ils « voient » l'hypocrisie d'un amour qui n'est pas l'amour, mais n'ont pas la force ou la capacité de vivre avec cette vérité dans un monde schizoïde.

Ils ne se rendent pas compte que leur vérité à eux pourrait leur conférer de la force, car cette vérité a été discréditée à un âge trop tendre. C'est là que réside leur traumatisme fondamental. En découvrant l'hypocrisie d'un amour qui n'aime que la soumission, ils essaient constamment de prouver qu'un tel monde ne peut pas les aimer. Pour cela, ils vont jusqu'à se rendre eux-mêmes aussi peu dignes d'être aimés que possible. La condition de mort vivant qui en résulte reflète leur honnêteté subjective et radicale. C'est pourquoi on ne peut obtenir avec eux de résultats qu'en faisant appel aux méthodes thérapeutiques les plus directes et les plus honnêtes.

VI

RECHERCHE ET TRAHISON DU MOI

Contrairement aux idées reçues – populaires ou savantes –, l'humain ne dépend pas du niveau de sophistication qu'une culture donnée a pu atteindre; il n'est pas non plus le produit de valeurs morales. La morale dérive de forces plus vitales que les schémas intellectuels qui ont pu être imposés à l'homme. Chaque fois que la morale est fondée sur des facteurs extérieurs, elle recèle les préalables de toutes sortes de manifestations amorales, et, finalement, inhumaines. Le prétendu primitivisme de nos ancêtres et d'autres peuples est un mythe qui nous sert à cacher nos propres défauts d'ordre moral. Dans ce sens, il n'y a pas des primitifs, mais seulement des êtres humains dont l'humanité a été détériorée.

Un moi fermement établi sur son autonomie ne peut pas vivre avec des penchants destructifs. La destructivité de l'homme est le produit d'une évolution *. Elle n'est pas innée, mais exige un processus fondé sur le manque d'autonomie. Le soubassement de la destructivité est un clivage de l'âme : un bébé de

---

* Cf. Erich Fromm, *La Passion de détruire*, éd. Robert Laffont, coll. « Réponses », 1975.

seulement un mois donne déjà des signes de souffrance lorsqu'on l'empêche d'avoir une perception globale de sa mère [1].

Lorsque l'adaptation à la réalité sociale exige un clivage de l'âme et en fait un principe directeur du développement, les gens deviennent mauvais. Ils s'efforcent désormais, constamment, de récupérer la part de leur moi qu'ils ont perdue en la cherchant *en dehors d'eux-mêmes.* Une telle quête peut recevoir l'approbation de la société (comme dans le cas des guerres menées au nom d'une idéologie, d'un dieu ou d'une « conviction » morale), ou elle peut revêtir une forme criminelle évidente. Dans les deux cas, on rencontre le désir, qui se développe précocement, de conquérir quelque chose d'intime par des acquisitions extérieures.

L'auteur allemand Jakob Wassermann illustre cette situation dans son roman *L'Illusion du monde* (1920) à travers le portrait de l'assassin Niels Heinrich. Il nous montre un homme qui, dans sa haine implacable pour tout ce qui est vivant et bon, tue finalement une jeune fille pure et aimante. Il se venge également, non sans exprimer son mépris, de toute l'hypocrisie sur laquelle sa vie a été bâtie. Par cet acte, il libère aussi sa haine, tout en manifestant son besoin de récupérer cette partie de son âme qu'il a perdue – cette partie aimante dont il a été séparé. Heinrich fournit un exemple cru de la tentative de saisir dans le monde extérieur ce qui pourrait combler le vide du monde intérieur.

> S'il ne dépendait que de lui, Niels Heinrich ne laisserait pas pierre sur pierre, toutes les règles seraient détruites, tout ordre serait renversé, toutes les villes seraient dynamitées, tous les puits ensevelis, tous les

ponts cassés, tous les livres brûlés, tous les chemins abîmés, et l'on prêcherait l'anéantissement de l'un contre tous, de tous contre un, de tous contre tous. L'humanité ne mérite pas mieux. Il pouvait l'affirmer, car il l'avait étudiée et percée à jour. Il ne connaissait que des menteurs, des filous, des fous minables, des avares et des mesquins ambitieux. Il avait vu ces chiens ramper, lorsqu'ils veulent monter, ramper devant ceux qui sont au-dessus et aboyer après ceux qui sont au-dessous. Il connaissait les riches avec leurs ventres pleins et leurs phrases pourries, et les pauvres avec leur patience méprisable. Il connaissait les corrompus et ceux qui se haussaient du col, les vantards et ceux qui filent doux, les défaitistes et les enjôleurs, les voleurs et les faussaires, les don Juans et les lâches, les putains et leurs maquereaux, les entremetteuses et les jeunes messieurs, les bourgeoises fourbes et lubriques, l'envie ici et l'hypocrisie là, et les mascarades et les simagrées; il connaissait tout et rien ne lui en imposait, et il ne croyait à rien d'autre qu'à la puanteur et à la misère, à la cupidité et à la voracité, à la perfidie et à la méchanceté, à la volupté. Il s'agissait d'un monde de turpitudes qui devait disparaître, et celui qui était arrivé à cette conclusion devait faire le dernier pas, le tout dernier, là où le désespoir et la dérision s'étouffent eux-mêmes, là où l'on ne peut aller plus loin, où l'on entend l'ange du jugement dernier frapper au mur obtus de la chair, où la lumière ne pénètre plus, la nuit non plus, où l'on est seul avec sa rage, où l'on puisse enfin se sentir en train de grandir au point de saisir quelque chose de sain et le mettre en pièces; quelque chose de pur, c'est de cela qu'il s'agit; et qu'on puisse en devenir maître et le forcer à genoux et le piétiner à mort (pp. 544-545).

Jakob Wassermann nous montre ici comment seule la rage peut encore donner à une personne clivée le sentiment d'être vivante. L'horrible paradoxe réside dans le fait que c'est la destructivité qui est la source de cette exaltation.

Grâce à leur capacité d'adaptation aux comportements approuvés par la société, les hommes sans moi véritable donnent l'impression d'éprouver des sentiments acceptables. Mais, comme ils sont coupés, en fait, de toute émotion à l'exclusion de leur besoin de vengeance et de détruire ce qui est vivant, ils paraissent exempts de peur, d'inquiétude et de tension. Cela en impose à ceux qui ne supportent pas leurs propres peurs. Aussi, les hommes de cette sorte sont-ils admirés, surtout lorsqu'ils se montrent ambitieux.

On passe à côté de l'un des aspects les plus essentiels du nazisme si l'on n'y voit qu'une aberration germanique qui ne nous concerne pas tous. Le succès du national-socialisme et de ses structures de pouvoir n'a pas été conditionné seulement par l'antisémitisme virulent et une criminalité ouverte; il est dû aussi à « l'homme nouveau » dont les nazis ont permis l'épanouissement, un homme sans personnalité et sans moi.

Cette évidence a été illustrée d'une manière frappante par un détail du comportement d'Eichmann. Dans une interview télévisée, l'un des agents israéliens qui l'avaient enlevé a raconté que, lorsqu'il avait besoin d'aller à la selle, Eichmann s'asseyait sur la cuvette des W.-C. et demandait : « Puis-je? » Il laissait l'autre, qui avait barre sur lui, décider de ses manifestations corporelles les plus intimes!

L'aspect horrifiant de « la banalisation du mal » (pour reprendre une expression de Hannah Arendt) ne réside pas dans le comportement ordinaire d'une personne, mais dans le grand nombre d'êtres humains dénués de moi, qui nous font accroire qu'ils possèdent des sentiments humains. Un entretien de Hans Frank, le gouverneur général du protectorat de Pologne, avec G.N. Gilbert, le psychologue américain désigné comme expert auprès du tribunal de Nuremberg, nous renseigne sur ce que ces sentiments sont en vérité. Dans cet entretien, Hans Frank appela Hitler son séducteur et continua par ces mots : « Vous savez, les hommes sont féminins... si émotifs, si instables, si dépendants de leurs humeurs et de leur entourage, si influençables... si prêts à obéir. Ils ne sont pas seulement obéissants, mais prêts à s'offrir comme une femme... Après nous avoir dirigés et avoir bouleversé le monde – il a déserté, nous a mis sur le dos tout ce qui est arrivé... Il doit y avoir quelque chose de fondamentalement mauvais en moi – dans tous les hommes. L'hypnose des masses – cela n'explique pas tout. Il y a l'ambition. Rendez-vous compte, j'étais à trente ans ministre, je circulais en limousine, avais des serviteurs... Pendant un temps vous êtes intoxiqué... puis... vous ouvrez votre main, elle est vide – entièrement vide... » (Manvell et Fraenkel, 1967, pp. 127-128).

Comme Albert Speer, l'architecte et ministre des Armements d'Hitler, et l'un de ses coaccusés, Frank paraissait normal, émotif, humble, prêt à faire son autocritique, intelligent. Je mentionne Speer, qui était actif surtout dans le domaine industriel, parce qu'il ressemblait à un manager efficace de notre société d'aujourd'hui. Amical, un génie quand il s'agissait de détecter un éventuel consensus et des outils de manipulation, élégant et poursuivant apparemment un but de grandeur collective. Au fond, il était apte *à tout,* par conséquent il était amoral et, malgré ses allures sociales brillantes, sans identité propre [2].

Qu'est-ce qui se cache derrière l'affirmation apparemment sincère et naïve que « les hommes sont féminins... prêts à s'offrir comme une femme»? Rien d'autre que le mépris des femmes, parce qu'elles «s'offrent» aux hommes! Et cela est affirmé par quelqu'un qui exige, bien entendu, que les femmes capitulent devant lui, par quelqu'un dont le moi n'est voué qu'au succès. On met ici le doigt sur une attitude qui se perpétue dès que l'autonomie personnelle est sacrifiée à la volonté d'un autre. Selon toute probabilité, il faut y trouver la raison pour laquelle de tels hommes méprisent les femmes. En fait, ils se méprisent eux-mêmes pour avoir renoncé à leur moi, mais ils projettent ce mépris sur les femmes auxquelles ils demandent qu'elles fassent de même!

On rencontre, hélas, aujourd'hui encore, ce type de moi chez de nombreux dirigeants politiques, économiques et même scientifiques de notre société. Certes, ils n'exhibent pas la soif de sang d'un Hitler et de ses cohortes, mais ils ne sont pas pour autant moins dangereux [3]. Peut-être le sont-ils même davantage dans la mesure où leur absence de moi n'est pas immédiatement perceptible derrière le conformisme, le succès, les services rendus et leur apparent respect des normes morales qui leur servent de camouflage.

L'antidote du mal n'est pas la conscience. Les sentiments de culpabilité qui jouent souvent un rôle dans la distorsion du développement participent simplement des conditions préalables d'une profonde destructivité. Un changement véritable n'intervient que lorsque nous avons appris à maîtriser la peur qui se cache derrière notre incessante quête d'une sécurité factice. C'est seulement en prenant conscience de nos peurs que nous pourrons ouvrir nos cœurs et accroître notre sensibilité à l'égard de notre prochain. Søren Kierkegaard écrivait en 1849 : « Le contraire du péché n'est pas la vertu, mais la foi. » Il faut croire à la possibilité de nous créer un moi fondé sur la vérité.

Voilà qui n'est guère facile, car beaucoup d'entre nous esquivent l'effort que cela implique. Nous nous accrochons à la promesse qui nous a été faite et selon laquelle notre vie sera exempte de conflits, pourvu que nous nous montrions obéissants. Une patiente s'était montrée toute sa vie « douce », « gentille », « accommodante » jusqu'à ce qu'elle ait été confrontée, un jour, avec une expérience inattendue. Cette femme de trente ans avait été soumise dans son enfance et dans sa jeunesse à des formes extrêmes d'exploitation et de violence. Ainsi lorsque, fillette de dix ans, elle s'était plainte à sa mère des agressions sexuelles d'un sous-locataire, celle-ci lui avait répondu : « Si tu veux que je le chasse, apporte-moi d'abord de l'argent. » Aussi longtemps qu'elle s'était montrée docile, elle avait pu s'adapter à sa situation. Mais toute réflexion sur elle-même et sur sa mère avait été étouffée dans l'œuf. En fournissant de gros efforts, elle avait achevé ses études secondaires et, à vingt-six ans, elle les avait continuées pour devenir assistante sociale.

Au cours de ces études, elle a été amenée à visiter, dans le cadre d'un séminaire, l'hôpital où, à l'âge de huit ans, elle avait été soignée pendant trois mois à la suite d'une intervention chirurgicale. Lors de cette rencontre imprévue, elle fut comme submergée par la rage difficilement contenue qu'elle avait éprouvée à l'époque : les médecins et les infirmières s'étaient montrés insensibles et peu compréhensifs à l'égard de l'enfant qu'elle était alors. Au même moment où elle était devenue consciente de sa rage, elle avait entendu aussi, dans son for intérieur, cette injonction qui lui avait été inculquée : *« Ne t'apitoie pas sur toi-même! »*

C'était exactement la façon dont sa mère (et son milieu social) réagissait devant la violence et la souffrance que lui infligeaient des personnages détenant l'autorité. C'est pourquoi la patiente avait refoulé aussitôt ses sentiments et avait participé au séminaire comme si de rien n'était. Mais sa rage stimula ses sentiments de culpabilité à l'égard de son moi et de sa haine d'elle-même. A cause de cette colère rentrée, elle se considéra comme un être insuffisamment adapté. Dès lors elle continua à se comporter à l'égard d'elle-même d'une manière malhonnête et fausse, dans le seul espoir d'obtenir une récompense – à ses yeux vitale – conditionnée par le respect des règles.

Mais, parce que la patiente n'avait pas, heureusement, réprimé totalement ses sentiments, elle était restée suffisamment réceptive pour brusquement percer à jour le principe cruel selon lequel ses collègues choisissaient les enfants destinés à recevoir des soins médicaux. Ces étudiants, égoïstes et hypocrites, sélectionnaient les enfants – qui appartenaient tous aux couches les plus pauvres de la société – non pas selon l'urgence des problèmes de santé qu'ils posaient, mais selon leur utilité pour le travail de séminaire qu'on avait programmé. C'est qu'il fallait obtenir à tout prix un « bon » résultat pour arracher une « bonne » note et une recommandation du professeur. Ainsi, les enfants devenaient des objets. On manipulait leurs besoins et leur détresse pour une bonne note.

La jeune femme éprouvait de véritables affres chaque fois qu'elle devait choisir un enfant et en repousser un autre. Pour ses camarades étudiants, ce dilemme éprouvant n'était que l'expression d'une certaine sottise et inadaptation. Ainsi, en ignorant délibérément la profonde humanité de leur collègue, ils éliminaient la manifestation de leurs propres sentiments humanitaires.

Pour la patiente elle-même, le problème était d'une grande complexité. Elle voulait bien faire, comme les autres, mais, pour cela, elle devait « trahir » *sa* vérité. Comment résoudre une telle contradiction?

Son besoin de demeurer « gentille » et son incapacité de surmonter sa rage se traduisirent dans la séquence d'un rêve : elle se tenait devant un miroir, mais elle avait peur de se regarder, l'image reflétée n'était pas elle-même, mais une « elle » écumant de rage, qui pouvait faire du tort à la bonne « elle ». Elle essaya d'effacer l'image dans le miroir, mais elle s'effraya et devint toute confuse, en se demandant ce que cela signifiait que de vouloir s'anéantir soi-même. Ce rêve lui révéla le clivage de son âme et le soin qu'elle avait mis toute sa vie à l'entretenir. Elle découvrait maintenant que cela la conduisait à l'anéantissement d'une fraction fondamentale de son moi. Et cela, elle ne le voulait pas.

C'est ce combat pour son moi authentique qui confère à un homme la force de maintenir non seulement sa propre identité, mais aussi le contact avec une réalité sociale qui, sur de nombreux plans, est factice. Un tel combat peut procurer aussi la joie de se sentir vivant et de sentir l'authenticité de l'autre.

Comme un tel moi n'est pas une simple image dans un miroir, mais l'expression d'un lien avec ses propres sentiments et avec ceux des autres, il ne peut continuer à s'affirmer que si le combat pour maintenir ces liens demeure vigoureux. La continuité du moi est, de ce fait, le constant renouvellement de ces liens, avec tout ce qu'il implique comme souffrances, joies, extases et moments de gaieté. Pour se sentir vivant, il faut un flux de changements; la stabilité résulte de la capacité de supporter la tension; mais aucun individu n'est à l'abri de promesses trompeuses qui lui font miroiter une existence dépourvue de conflits.

POSTFACE

Dans ses *Essais* (1968), George Orwell a décrit le noyau de cette expérience qui fait naître chez l'enfant le sentiment d'impuissance et de désespoir. Il nous raconte comment il avait été corrigé par le directeur de son internat :

> Je ne pleurais pas à cause de la douleur. A la seconde fois où l'on me fouetta, je n'avais pas souffert davantage que la première fois. La peur et la honte semblaient m'avoir anesthésié. J'ai pleuré d'abord parce que l'on attendait cela de moi, ensuite parce que j'éprouvais un réel remords, mais surtout à cause d'un chagrin plus profond, propre à l'enfance, et difficilement explicable : *le sentiment désolant d'être seul et sans défense, d'être cadenassé non seulement dans un monde hostile, mais dans un monde régi par le bien et le mal et dont les règles étaient telles qu'il m'était impossible de les respecter.*
>
> [Les italiques sont d'Orwell] (p. 382).

Un tel désespoir nous aliène de notre moi, et cela, que notre personnalité se développe dans le sens de la rébellion ou de l'adaptation aux « normes ». On s'accroche désormais à des formes extérieures, et peu importe si elles correspondent à l'idéologie officielle de la société ou si elles les défient. C'est parce que nous sommes étrangers à notre monde intérieur et qu'il nous paraît non seulement amorphe ou anarchique, mais aussi menaçant, qu'on s'accroche à des modèles extérieurs censés nous garantir notre propre identité.

C'est cette vaine dépendance que Franz Kafka décrit avec une si juste intuition. Ainsi, Joseph K. s'efforce-t-il dans le roman *Le Procès* de faire la preuve de son identité – au moyen d'un permis de conduire de cycliste! Les héros souffrent parce qu'ils ont placé en vain leur foi en une identité extérieure inappropriée. Ils espèrent que l'adhésion à une loi « patriarcale » les préservera de la désintégration dont les menace un moi apparemment amorphe – mais en vain. Combien sont différents les héros des romans de B. Traven, comme, par exemple, Koslowski, dans *The Death Ship* *, qui lutte jusqu'au bout contre une identité qu'on veut lui imposer.

La différence entre la rébellion et l'adaptation est pourtant fondamentale. Seule la rébellion permet l'authenticité, mais elle doit conduire à la solidarité avec les hommes. Si elle est seulement *contre* quelque chose, elle devient un but en soi et concourt à amplifier son propre sentiment d'importance. Cela conduit à rejeter la quête de son moi véritable et peut produire un moi sans cœur. Ici, les dangers qu'un individu peut rencontrer ne sont pas extérieurs, mais relèvent de la peur qu'engendre la solitude, de la terreur devant le chaos et la folie.

Lorsque la rébellion dirigée contre le monde extérieur n'est pas accompagnée d'une transformation inté-

* *Le Navire de la mort.*

rieure, le résultat est le même que dans le cas de l'adaptation. Henry Miller, lui-même un grand rebelle, nous renseigne dans son essai sur l'échec de la rébellion de Rimbaud. J'aimerais revenir ici à ses commentaires.

La vie de Rimbaud, brève mais fiévreuse – il avait achevé son chef-d'œuvre *Une saison en enfer* alors qu'il n'avait pas dix-huit ans –, est celle d'un homme qui s'était révolté contre le conformisme et la rigidité et qui, après avoir obtenu, non sans mal, sa liberté et un niveau de conscience élevé, avait tourné casaque et opté pour la sécurité financière. En partant de la tentation extraordinaire d'explorer « les merveilles de la terre », il s'est séparé, comme adolescent, de ses amis et de ses parents pour vivre la vie dans toute sa plénitude. Mais lui qui, en tant que jeune homme, avait ressenti « le désordre de son esprit comme sacré » renonça brusquement et totalement au défi constitué par cette vie, hors du commun, qu'était la sienne. Sa recherche de l'authenticité tourna court; il tituba et avança désormais dans la direction contraire. Il devint pareil à l'ennemi qu'il avait haï auparavant.

Encore adolescent, souligne Miller, Rimbaud a fui l'insupportable atmosphère provinciale de la maison familiale. Plus tard, terrorisé par la crainte de devenir fou, il se livra aux puissances qui régentaient le monde et devint marchand d'or, d'armes et d'esclaves. « Il abandonna son trésor, dit Miller, comme s'il avait été un fardeau... »

> Au cours de la *Nuit de l'enfer*, quand il réalise qu'il est l'esclave de son baptême, il s'écrie : « *Parents, vous avez fait mon malheur et vous avez fait le vôtre...* » Il renonce à ce qui pourrait le lier à l'époque ou au pays qui l'ont vu naître. « *Je suis prêt pour la perfection* »,

déclare-t-il. En un sens, il l'était. Il avait mûri sa propre initiation, survécu à la terrible ordalie; puis il s'était enfoncé de nouveau dans la nuit d'avant sa naissance. Il avait découvert qu'il fallait franchir l'art d'un pas, il avait enjambé le seuil; et alors, de terreur ou craignant la démence, il avait lâché pied... Il faut parvenir à la limite de ses forces, apprendre quel esclave on *est*, en quelque domaine que ce soit, afin d'aspirer à l'émancipation. La volonté perverse et négative, que nos parents ont affermie en nous, doit être soumise avant de devenir positive et de s'implanter dans le cœur de l'esprit. Le père (dans tous ses avatars [1]) doit être détrôné pour que le règne du fils arrive... Il est le sévère contremaître, la lettre morte de la loi, le *Verboten*. On rue dans les brancards, on pique une crise, enflé de fausse puissance et d'orgueil insensé. Et puis, on cède, et le moi qui n'est pas le moi capitule. *Mais Rimbaud n'a pas cédé*. Il n'a pas détrôné le Père, mais s'est identifié à lui... Il a changé de camp, est devenu l'ennemi même qu'il haïssait... Il change d'identité tellement bien qu'il ne saurait se reconnaître lui-même s'il se croisait en chemin. C'est peut-être l'ultime moyen de donner le change à la folie que de devenir équilibré au point de ne plus savoir qu'on est fou (pp. 102-103).

A la fin de sa vie, « alors qu'il se traînait misérablement vers sa fin dans la ferme de sa mère avare », il rudoyait quiconque essayait de lui poser des questions au sujet de l'activité poétique de sa jeunesse. « Assez, je vous en prie! J'ai *dépassé* toute cette merde! » C'était comme s'il voulait se débarrasser des frontières haïes de son moi rebelle.

Cette vision perspicace de la folie qui se niche dans la santé mentale – une santé qui devient le refuge d'une haine de la vie, de la pire espèce – décrit le processus essentiel qui se déroule dans un moi dépourvu d'autonomie. Peu importe qu'on ait été un rebelle ou qu'on ait opté pour l'adaptation; ce qui entre en jeu ici, c'est la haine de soi, caractéristique de toute personne qui a renoncé à son moi. Une telle capitulation aboutit à la négation de sa propre réalité. C'est entre les mains de telles gens que la morale se pervertit.

La personne qui évolue de cette façon commence par craindre ses propres impulsions; dès lors, le besoin d'être approuvé et accepté devient sa préoccupation essentielle. L'effort d'être et de faire ce que l'on attend de vous se mue en un mécanisme destiné à fuir l'anxiété profonde. En centrant le sens de la vie sur l'approbation des autres, on renonce à être aimé pour ce que l'on est véritablement. Désormais, le désir d'être aimé ainsi devient une source de mépris pour soi-même, car l'on identifie à une faiblesse le besoin d'être aimé pour sa propre sensibilité. Dans ces conditions, ainsi que nous l'avons déjà souligné à plusieurs reprises, l'enfant apprend qu'il ne peut obtenir l'amour que par des manœuvres témoignant de sa docilité. Mais en acceptant cette situation, il est amené à mépriser en secret ses parents. Pour pouvoir vivre avec soi-même et avec son besoin d'amour, il doit se haïr et haïr tout ce qui peut lui rappeler l'amour véritable. C'est là qu'on peut trouver probablement la cause sous-jacente de la cruauté. Neal Ascherson (1983) rapporte que Klaus Barbie, le chef de la Gestapo de Lyon, qui a torturé à mort Jean Moulin, a dit un jour dans une interview : « En interrogeant Jean Moulin, j'avais l'impression qu'il était moi-même. » En d'autres mots, plus il s'identifiait à Moulin, plus il identifiait au grand résistant français la part de lui-même qu'il avait rejetée, et plus il devait haïr et tuer ce Moulin qui était lui-même.

C'est par ce processus que les êtres humains se détachent de leur humanité. Ils sont alors si déchirés par la haine de soi qu'un complet revirement peut avoir lieu : l'ancien moi complaisant peut être haï par un moi nouveau, mais tout aussi peu autonome que le précédent [2]. Cela montre qu'une identité qui n'est pas enracinée fermement dans le développement d'un moi autonome ne repose plus que sur un système d'abstractions qui cache le chaos intérieur [3].

Comme je l'ai montré dans le premier chapitre, il se peut que de telles gens soient les créateurs et les défenseurs du mythe selon lequel la souffrance et la compassion sont des signes de faiblesse. On nous les propose en exemple comme des êtres *forts* qui ne souffrent pas! Mais ces *forts*-là sont aussi ceux qui se détachent de leur sensibilité parce qu'ils *n'ont pas* la force d'endurer une souffrance psychique. Cette déformation de la vérité est souvent difficile à détecter parce que les « forts », s'employant à obtenir le pouvoir, sont aussi ceux qui définissent la « réalité » admise par la société.

Lorsqu'une telle conception de la réalité s'institutionnalise, un homme qui la fait sienne tuera un autre homme parce qu'il hait ce qu'il considère en lui-même comme une faiblesse, même si cette prétendue faiblesse est en fait ce qu'il y a de meilleur en lui. Dans son autobiographie *Pays sans justice* (1958), Milovan Djilas raconte comme un Monténégrin tue un Turc avec lequel il vient d'avoir une rencontre véritablement plaisante et satisfaisante. Nous avons ici le cas d'un homme qui donne libre cours à sa rage, au nom des concepts abstraits d'honneur et de virilité, dont il est devenu l'esclave. L'assassinat a lieu à un moment où le Turc se sentait en sécurité parce que les deux hommes avaient trouvé un terrain d'entente : chez le Monténégrin, cependant, bien qu'il partageât le même sentiment, « quelque chose fit irruption en lui-même » qu'il « se montra incapable de maîtriser ».

Il arrive ainsi que ceux qui détiennent le pouvoir manipulent, à cause de leur vide intérieur, des nations entières. Ils entraînent les hommes progressivement dans le bourbier des abstractions qui étouffe aussi bien les oppresseurs que les opprimés. Et une société qui sursaute dès que quelqu'un tente de démasquer les méthodes dont elle use pour imposer sa volonté à ses membres a déjà perdu son sens de la liberté et se dirige vers l'absolutisme [4]. Une telle société essaiera de camoufler sa violence. Comme Soljenitsyne l'a formulé d'une manière magistrale lors de son discours devant le jury du prix Nobel : « ... N'oublions pas que la violence n'a pas une existence en soi, et est, en fait, incapable d'en avoir une : elle est invariablement imbriquée dans le mensonge... La violence ne trouve son refuge que dans le mensonge et le mensonge ne trouve son appui que dans la violence. Tout homme qui a opté pour la violence doit inexorablement choisir le mensonge comme son principe. »

Le manque d'autonomie a des conséquences terrifiantes pour chacun d'entre nous. C'est l'état dans lequel la chasse au pouvoir devient le moyen de lutter contre le chaos intérieur et la menace d'une désintégration psychotique. En rejetant notre monde intérieur, en voulant ignorer nos sentiments d'impuissance toujours présents, et cela tout spécialement à travers la recherche du pouvoir, nous ne faisons qu'approfondir le rejet de soi et la peur de notre vide intérieur.

Dès lors nous n'avons d'autre choix, précisément, que la chasse au pouvoir. Détenir une parcelle de pouvoir dans la société devient ainsi le but suprême mais aussi le moyen d'assurer notre cohésion intérieure. La dynamique d'un tel développement ne laisse la place à aucun compromis véritable avec d'autres gens. Ceux qui aspirent au pouvoir voient dans toute approbation une faiblesse de la part de l'autre. Ils ne croient pas à l'égalité – on domine ou l'on est dominé. Ce qu'ils ont éprouvé pendant leur enfance est devenu la leçon primordiale de leur vie : la douleur est le maître de l'esprit, ne compte donc que le pouvoir. Ils ne peuvent choisir une autre option car, s'ils le faisaient, ils devraient admettre aussi la lâcheté de leur première soumission à la douleur [5]. *Pourtant c'est leur façon de vivre qui est invariablement présentée comme réaliste.* Il s'agit, en fait, d'une existence vouée exclusivement à la mort, car la vitalité et la joie de vivre sont ressenties par ces gens comme dangereuses. Aussi renforcent-ils l'opinion que la liberté conduit à une affirmation de soi sans retenue et est, par conséquent, dangereuse elle aussi. Il en résulte que ceux qui se rebellent contre le pouvoir identifient la liberté à une intolérable dilatation de l'ego, à une extrême complaisance avec soi-même! Cela confirme, à son tour, les pires craintes de ceux qui cherchent leur identité dans la possession et l'exercice du pouvoir!

C'est ce type de « réalisme » qui est le pire ennemi du genre humain. Pour sauvegarder notre humanité, nous devons le reconnaître pour ce qu'il est : une nouvelle (ou extrêmement vieille?) forme de folie, une fuite dans une « santé mentale » telle que Henry Miller l'a décrite dans le cas de Rimbaud. Les politiques de puissance, qu'on nous présente comme réalistes, conduisent le monde tous les jours plus près de l'abîme. Cela a toujours été ainsi, mais maintenant les hommes de pouvoir disposent de moyens de destruction sans précédent. Et, tout comme par le passé, ils essaient toujours, en invoquant le concept de réalisme, de nier les conséquences mortelles de leurs actions et la *mentalité létale qui les motive.* Les hommes au pouvoir prétendent vouloir nous protéger sans arrière-pensées intéressées. Mais, comme Friedrich Nietzsche l'a noté dans son *Au-delà du bien et du mal* au sujet des philosophes, tout est « personnalisé ». Quand des hommes d'État (ou des femmes d'État) subissent un clivage de leur être, ils doivent vivre dans un mensonge perpétuel. Ce qu'ils nous offrent est, de ce fait, détaché de l'humain. Mais nous ne pourrons le reconnaître que si nous cessons de courir après des dieux. Pour cela, il faut se libérer des peurs qui nous ont conduits à trouver le divin en dehors de notre propre moi. Sinon, la rébellion ne démolira une église que pour en bâtir aussitôt une autre. Sinon, comme l'a formulé Henry Miller, les puissances et leurs méfaits persisteront. Tout ce à quoi on aboutira c'est à la création d'une nouvelle tyrannie.

C'est l'empathie et l'amour qui permettent la mutation vers un moi authentique. Henry Miller l'a exprimé poétiquement :

> *Tout ce qu'on nous enseigne est farce,* soutenait Rimbaud dans sa jeunesse. Il avait raison, absolument raison. Mais notre mission terrestre est de combattre le faux enseignement, en rendant publique la vérité qui est en nous. Mais le grand miracle est de rallier tous les hommes sur la voie de la communion. La clef est la Charité... (Miller, 1956, p. 142.)

Il n'y a pas de méthode ni de technique susceptibles de conduire au moi véritable. Imaginer que cela puisse exister révèle déjà un moi inconsciemment prisonnier de la conception selon laquelle l'homme est une machine qui réagit lorsqu'on presse sur un bouton. C'est l'*attitude* qui est la clef de l'autonomie; nous la trouverons en laissant s'épanouir en nous la sympathie et l'amour d'autrui. Les chemins qui y conduisent sont divers, compte tenu de l'unicité de chaque individu. C'est pourquoi chacun devra trouver son chemin tout seul. Les amis et les supporters ont un rôle important, mais le choix du chemin relève de notre seule responsabilité. Il faut oser rendre vivant son propre moi. On apprendra alors que les peurs qui nous barrent le chemin ne sont que des fantômes sans pouvoir.

Notre destin veut que, si nous n'avons jamais saisi la chance de nous révolter, nous vivions l'absurdité de ne jamais posséder un moi qui nous appartienne. « Celui qui ne meurt pas avant de mourir se perd avant de mourir », disait Jakob Böhme, une théosophe mystique du seizième siècle. Mais la rébellion seule ne forme pas un être humain. Ce n'est que le premier pas vers un long et difficile processus qui ne s'achève jamais, destiné à nous permettre de surmonter la peur de posséder un moi bien à nous, en même temps qu'un cœur authentiquement humain.

NOTES

CHAPITRE I

1. Dans cet ouvrage, Liedloff décrit la manière de vivre des Indiens Yequana du Venezuela. Nous y voyons une forme de puériculture qui développe pleinement chez les êtres humains leur potentiel d'amour et leur vitalité, plutôt que celui qui conduit au pouvoir et à la mort. Dans le passage cité, Liedloff montre, à ce sujet, les carences de notre culture.

2. Le processus par lequel la gentillesse et la tolérance sont transformées en des moyens d'oppression et de contrôle sera discuté, plus loin, dans mon second chapitre. Ici, je voudrais me référer seulement à l'ouvrage de Christopher Lasch, *Le Complexe de Narcisse,* dans lequel il souligne que la tolérance au niveau social peut cacher un système de contrôle fort strict. Si les enfants refusent de manger, on fait appel à l'autorité du médecin; s'ils ne sont pas obéissants, on a recours à un psychiatre ou à un psychologue qui doivent les aider à résoudre leur « problème ». De cette manière, l'autorité peut être présentée à l'enfant comme « amicale » et « les parents font de leur propre problème » – l'insubordination – le problème de l'enfant » (Lasch, 1979, p. 182). Ce qui m'intéresse, cependant, c'est la violence qu'on voit se généraliser chez les gens du fait de la mutilation de leur autonomie par des moyens directs ou indi-

rects, conscients ou inconscients. Il s'agit d'une violence qui ignore ses raisons, et nous la voyons grandir partout, même chez nos enfants et dans nos écoles. A condition de le vouloir, nous pouvons distinguer ses origines. Une institutrice anglaise rapporte le dialogue suivant qui a eu lieu dans sa classe.

« Qui peut me parler de l'IRA (l'Armée républicaine irlandaise)? Pourquoi ce conflit en Irlande du Nord?

– Oh, les catholiques haïssent les protestants - ne pouvons-nous pas parler de quelque chose de plus intéressant?

– Si cela ne vous intéresse pas, pourquoi soutenez-vous l'IRA?

– Par... parce qu'ils lancent des bombes et détruisent les choses - mettent les gens en pièces - for... formidable! » (Hirsch, *New Statesman*).

L'institutrice commente : « Ils aiment la violence - et non pas les Droits de l'homme. Ils haïssent leurs parents et enseignants - et non pas les protestants. » Ce poème a été écrit par l'un de ses élèves :

L'école est ennuyeuse, l'école est folle.
Bientôt je la quitterai, voilà qui me réjouit.
Plus de football, plus d'amusements.
Mais je ne regrette pas mes tours méchants :
Briser des vitres, casser des chaises,
Battu par les maîtres, mais qui s'en soucie?

Ce poème montre la blessure la plus profonde infligée aux enfants de notre temps, notamment à ceux qui se révoltent : en leur enlevant la capacité de sentir leurs propres douleurs et peines, mais aussi celles des autres, ils sont passés avec armes et bagages du côté de leurs oppresseurs. Ils sont cependant différents des générations précédentes. Au lieu d'adopter des valeurs hypocrites, ces enfants n'adoptent aucune valeur. Je suis reconnaissant à Claus D. Eck d'avoir attiré mon attention sur la chanson des Pink Floyd : *Le Mur.* Elle fustige l'hypocrisie qui sous-tend ce malaise :

Hush now baby, don't you cry
Mamma's gonna make all for you
Nightmares come true,
Mamma's gonna keep you right here
Under her wing,
She won't let you fly but she might let you sing *.

3. La notion de « période critique » (telle que Scott l'a décrite en 1958, par exemple) dérive de cette façon de penser, l'idée de base demeurant cependant toujours mécaniciste. Selon Scott, il y a des moments critiques dans le développement au cours desquels se déclenchent, si la situation des stimuli est favorable, des comportements adéquats. Si cela n'est pas le cas, ces comportements ne se manifestent pas. On ne tient pas compte ici de la possibilité que l'organisme lui-même soit responsable de la non-acquisition de ce nouveau comportement. Yet Davis (1957) a démontré, lors d'une expérience aujourd'hui pratiquement oubliée, que la réaction sélectionne le stimulus! Son travail confirme et amplifie l'idée de Piaget selon laquelle un stimulus ne devient significatif que lorsqu'il correspond à un schéma du processus interne (Flavel, 1963).

4. McDougall (1928) a été l'un des premiers psychologues à étudier l'empathie en tant que réaction émotive. Hygge (1976), lui, a mesuré la résistance dermique pendant les expériences empathiques, et lors des rencontres humaines alternatives (malheureusement seulement dans un sens négatif). Il est intéressant de noter que Kenneth Clark, dans un discours de remerciement lors de l'attribution d'un prix par l'Association de psychologie américaine, a plaidé pour la reconnaissance renouvelée de l'empathie en tant

---

* *Tais-toi, bébé, ne pleure pas*
Maman s'applique à faire
Que tes cauchemars soient vrais
Maman s'applique à te garder ici
Sous son aile
Elle ne te laissera pas voler, mais peut-être
[te laissera-t-elle chanter.

que facteur important du développement humain. L'empathie est significative pour nos propos dans la mesure où elle est une perception directe de l'état émotif d'une autre personne à l'aide des sens kinesthésiques. Tout ce qui coupe les gens de leur propre processus émotif kinesthésique les coupe aussi de la perception directe de l'état émotif des autres. Si un enfant perçoit quelque chose directement par des moyens kinesthésiques, comme la peur ou l'impatience de sa mère, et si celle-ci nie ces émotions ou menace l'enfant parce qu'il les a perçues, alors le sentiment d'impuissance de l'enfant sera si exacerbé que son empathie lui pèsera. La complexité de cette situation peut être saisie à travers l'une de ses variantes : dans une étude psychanalytique ancienne, Stärke (1921) décrit les sensations contradictoires et inconciliables d'un nourrisson qui tète les tétons de sa mère tuméfiés par l'allaitement. Stärke souligne que le nourrisson éprouve en même temps et sa propre satisfaction et la souffrance de sa mère.

5. L'échec dans la vie a déjà été décrit par M. Ribble (1943) et E. Shaheen (1968). Schneirla (1959) montre ses bases neurologiques. Ainsi, un flux constant de stimuli de basse intensité véhiculé par les nerfs afférents est par exemple nécessaire pour former et maintenir le moule métabolique de l'individu. En général, les différences dans l'intensité des flux de stimuli auxquels les enfants en bas âge sont exposés ont une influence décisive sur le développement et les caractéristiques essentielles de leur futur seuil de sensibilité.

6. L'impossibilité d'influencer l'environnement en sa faveur augmente le sentiment d'impuissance déjà engendré lorsqu'on apprend qu'il n'y a rien à apprendre. Ce sentiment d'impuissance diminue probablement la vitalité de l'organisme. Visintainer (1982) rapporte, entre autres, que les rats d'un groupe de contrôle montraient une résistance aux tumeurs significativement réduite lorsqu'on les empêchait d'apprendre à éviter les stress auxquels ils étaient soumis. (On faisait en sorte qu'ils ne puissent éviter les décharges

électriques.) Tout aussi intéressante est une expérience de Sklar et Anisman (1979) qui démontre qu'une exposition *prolongée* à ces décharges augmente à nouveau la résistance aux tumeurs. S'agirait-il d'une « adaptation » à la vulnérabilité?

7. Maier et Schneirla (1942) soulignent que l'apprentissage de contiguïté (le R.C. de Pavlov) est d'une importance décisive dans les étapes précoces de développement. Il faut cependant postuler un apprentissage sélectif pour expliquer les relations changeantes entre action et stimulus, lorsque des conditions endogènes affectent les adaptations ultérieures.

8. Aussi longtemps que nous nous accrocherons à un concept de la schizophrénie dont la finalité est la classification différentielle et diagnostique, nous ne serons pas capables d'apprécier la signification plus large de cette maladie dans le contexte humain. C'est cependant ce que je m'efforce de faire. Gaetano Benedetti (1972, 1976, 1983a, 1983b) a contribué grandement à élargir notre compréhension dans ce domaine. Ses études sont marquées non seulement par des formulations brillantes et des vues profondes sur la schizophrénie, mais aussi par un amour extraordinaire pour l'homme qui souffre. Il s'agit d'une compassion – « une compassion exempte de pitié » – qui élargit notre conscience. Ses études magnifiques nous fournissent la preuve qu'une véritable connaissance de la condition humaine ne dépend pas seulement d'une pensée claire, mais aussi de l'amour. Pour cette raison, il va au-delà (dans le sens « transcendant ») de la plupart des études à grande échelle qui ont exploré ce domaine et qui s'attachent seulement à fragmenter l'expérience schizophrénique en détruisant ainsi l'intégralité de l'information à laquelle nous sommes confrontés à travers nos clients. Gustav Bychowski (1966), qui fut un élève d'Eugen Bleuler pendant la Première Guerre mondiale, a parlé souvent de Bleuler et de l'accent qu'il mettait sur les aspects moraux de la schizophrénie et sur son besoin de vérité. Tout cela nous rapproche beaucoup

du sens élargi du concept « schizophrénie ». L'état schizophrénique est le résultat final d'une *lutte contre* les aspects inhumains de notre vie et non pas d'une *adaptation* à ces aspects. C'est pourquoi l'étude de la schizophrénie et des états schizoïdes nous permet de pénétrer dans l'anatomie du moi. Ce point de vue est partagé aussi par Henry (1963, 1965), Laing (1959) et Siirala (1961) parmi d'autres.

On trouve un autre exemple du même élargissement du concept de schizophrénie dans la brillante interprétation du *Conte sur l'amour et la mort du cornet Christopher Rilke* par W.V. Silverberg (1987). Ce psychanalyste montre comment l'impuissance, qui conduisait à nier le monde menaçant, se mue en une psyché qui s'affirme et s'empare de tout (telle qu'on la rencontre chez les schizophrènes). Dans le poème en prose de Rilke, le héros cerné identifie les épées étincelantes des attaquants païens à l'eau riante d'une fontaine qui ruisselle gentiment sur lui. Cette « manœuvre schizoïde » (Silverberg) affecte plus ou moins chaque relation humaine. Elle exprime notre crainte de l'autre et est enracinée dans les expériences de notre prime enfance, lorsque nous étions à la merci d'adultes qui nous « aimaient », mais dont les efforts pour imposer leur volonté menaçaient d'étouffer notre moi naissant.

9. F. Matthias Alexander souffrait de troubles du langage qui le condamnaient presque au mutisme. Pendant de longues années pénibles, il travailla sa musculature, en essayant d'améliorer ses postures et ses mouvements. Ses efforts furent payants, car il retrouva ainsi le contrôle de sa voix. Sa méthode nous apprend comment on peut se débarrasser de mauvaises habitudes.

10. Dans son étude sur les opprimés, Paulo Freire (1970, 1972) montre que ceux-ci ont intériorisé l'image de l'oppresseur. Leur but, en tant que révolutionnaires, est de renverser les rôles et non pas d'accéder à une existence authentique.

11. Le texte de Henry Miller rend clair que par « mère » il entend aussi la société comme un tout.

12. Il est intéressant de noter que, dans *Le Gauchisme, maladie infantile du communisme,* Lénine a reconnu dans ces exigences une forme de dépendance infantile. Il écrivait : « Ils prennent leurs désirs pour des réalités... Ils invoquent l'impatience comme un argument théorique. »

13. Le concept d'Anna Freud au sujet de l'identification à l'agresseur (1941) est révélateur. Elle souligne le caractère défensif d'une telle identification. Moi, je mets l'accent sur le fait qu'un tel mécanisme est grandement dirigé contre le centre potentiel de l'être.

CHAPITRE III

1. Dans son étude sur la psychologie du pouvoir, le politologue Ronald V. Sampson (1966) décrit ce phénomène avec une grande force morale et une grande profondeur de vues. S'appuyant sur diverses biographies, il montre que l'ambition de beaucoup d'hommes qui ont connu le succès n'a fait que refléter la lutte de leurs mères pour le pouvoir.

2. Liedloff montre dans son étude sur les Yequana son habileté à faire sienne la réalité d'autres peuples. Les hommes de science n'en sont pas toujours capables. Leur idéologie du moi obstrue leur vision. Comme Liedloff n'a pas examiné les Yequana avec le regard « spécialisé » de l'anthropologue, elle a été capable de percevoir ce peuple d'une manière objective.

3. Antill et Cunningham (1979) ont décrit la manière dont les femmes fondent leur estime de soi sur des tendances « masculines ». Les auteurs eux-mêmes, prisonniers de ce mythe, pensent que les résultats de leurs recherches concernent l'estime de soi fondamentale et non pas celle d'un groupe spécifique de femmes ambitieuses. Ils sont imperméables au fait que ce dont il s'agit ici pourrait être une trahison de soi ou une hostilité qui se déguise à travers l'identification au mâle.

4. Lors du « discours des Checkers », Nixon a été si ému

par ses propres paroles qu'il s'est mis à pleurer (Halberstam, 1979). C'est exactement ce que j'ai décrit : « Une véritable peine suscite chez les gens de l'irritation, alors qu'une manœuvre hypocrite, telle que d'avoir les yeux pleins de larmes, leur procure le sentiment d'un " pouvoir " lié à leur " générosité ". Ils se sentent magnifiés au moment même où ils renient la vérité et leur propre vie. » C'est pourquoi le discours de Nixon à la télévision a été un facteur décisif dans le succès de sa campagne de 1952 pour la vice-présidence.

5. Les citations sont extraites de *Les Évangiles secrets* d'Elaine Pagels, un ouvrage de recherche biblique d'une rare pénétration, portant sur les manuscrits gnostiques, vieux de deux mille ans, découverts en 1945 près de la ville de Nag Hamadi, en Haute-Égypte.

6. Jean Liedloff étudie cet échec humain, ce désir inassouvi : « Bien que cet état puisse durer toute la vie, il se peut qu'il demeurât ignoré – pour la simple raison qu'il est difficile de concevoir une autre forme de relation du moi à son prochain » (Liedloff, 1977, p. 71). Cela, cependant, n'est pas défendable lorsqu'il s'agit de l'apprentissage du pouvoir.

CHAPITRE IV

1. Les travaux suivants sont fondamentaux en la matière : Blechschmidt (1977), Hebb (1958), Kuo (1932a, b, c, d, e, et 1963), Lehrman (1953, 1965), Schneirla (1949, 1956, 1959, 1965).

2. Ribble, *The Rights of Infants* *; Spitz et Wolf, *The Smiling Response* **.

3. Voir Grunebaum, Freedman et Greenblatt, « Sensory Deprivation »; Heron, Bexton et Hebb, « Cognitive Effects »; Lilli, « Mental Effects » ***.

* *Les Droits des enfants.*

** *La Réponse souriante.*

*** « Perte sensorielle », « Effets cognitifs », « Effets mentaux ».

CHAPITRE V

1. Le mot « culture » est utilisé ici dans son sens anthropologique et sociologique.

2. Une allusion aux « Flèches du désir de l'autre rive » de Nietzsche *(Ainsi parlait Zarathoustra)*, citées par Henry Miller dans *Le Temps des assassins* (1956).

CHAPITRE VI

1. Aronson et Rosenbloom (1971) ont observé que les nourrissons âgés de trente jours seulement expriment chagrin et détresse lorsqu'ils sont soumis à un dysfonctionnement audiovisuel dans la perception de leur mère. Lorsque la voix de celle-ci était modifiée par un système d'amplification stéréo, l'unité de perception du nourrisson était perturbée. L'agitation et l'irritation dont il faisait preuve démontraient son attitude d'intégration originelle et son besoin de synthèse qui en résultait.

2. L'autobiographie d'Albert Speer (1970) montre un type d'homme qui sait ce qu'on peut ressentir mais qui, en fait, n'éprouve rien. Matthias Schmidt (1984) a démasqué la véritable personnalité de Speer. Du succès avec lequel il avait su se forger une image positive résulte la note nécrologique publiée dans le *New York Times* (2 septembre 1981) et qui loue son *humanité*!... Mais Percyval Reck-Malleczewen, un Allemand conservateur, qui a été assassiné par la Gestapo en 1945, l'avait décrit comme un homme qui « reflétait dans son visage avenant cette âme repoussante d'un garçon aux réactions mécaniques qui caractérise sa génération » (1971). Il reconnaît ainsi le vide intérieur d'un être parfaitement adapté à son environnement mais qui ne possédait pas de moi. Fest (1970) décrit d'une manière analogue Martin Bormann : « ... aucun événement de sa vie ne porte l'empreinte d'une personnalité. »

3. Michael Maccoby (1976) révèle nettement ces inter-

dépendances dans sa description des dirigeants actuels de l'industrie, mais néglige d'en tirer des conséquences, étant donné qu'il s'identifie lui-même à un haut degré au pouvoir et au succès. Dans une étude sur l'armée américaine, James Fallows (1981), ancien porte-parole du président Carter, décrit des hommes du même genre appartenant à l'*establishment* politique américain contemporain. (Voir aussi les remarques de l'amiral Rickover, 1982.) L'article de John Newhouse paru dans le *New Yorker* au sujet de l'industrie aéronautique décrit de la même manière des hommes dont la « réalité » reflète un moi artificiel. Cependant, comme les gens se sont adaptés au mythe du succès, personne ne perce à jour leur comportement, ce qui a des conséquences pour nous tous. Dans le domaine de la science, j'attirerai l'attention sur un cas de fraude et de plagiat qui a été révélé récemment (*Science*, 1980, 1982). Une femme, médecin et chercheur, a vu l'un de ses articles refusé par l'éditeur d'un journal médical. Un peu plus tard, ce même article paraissait sous le nom de ce même éditeur. Ayant porté plainte, les autres professeurs et rédacteurs ont commencé par désapprouver cette démarche, la caractérisant de mesquine. Quelqu'un qui a publié deux cents articles au cours d'une décennie et qui prend le parti d'un collègue malhonnête a forcément raison. Un comble : les institutions académiques impliquées dans cette affaire ont justifié la tromperie en l'imputant à la pression qui s'exerce sur les savants afin qu'ils obtiennent des succès! Nous pouvons comprendre cela lorsque nous constatons à quel point l'*image* a pris la place des sentiments authentiques. Un nouveau président de l'Association pour l'avancement de la science a été présenté à ses collègues dans la revue *Science* de l'association avec les titres suivants : il n'est pas seulement professeur et doyen d'une faculté, mais aussi président d'un Comité national regroupant deux cents hommes de science, président de plusieurs comités internationaux, conseiller de plusieurs agences gouvernementales, conseiller technique de divers laboratoires, éditeur de six revues scientifiques internationales, et membre des conseils d'administration d'un nombre important d'entreprises industrielles. Ensuite, à la fin de cette liste exhaustive, on nous assure que cet homme consacre quand même une partie de son temps à sa famille et aux loisirs. Compte tenu d'un tel attachement à l'« image », est-ce étonnant qu'il soit si difficile de reconnaître les gens dépourvus d'un moi et de sentiments authentiques?

POSTFACE

1. Il faut noter que Henry Miller se réfère ici à la mère et/ou au père, que le père peut devenir un symbole de la mauvaise mère et, plus tard, celui d'une société qui rejette et renie.

2. L'historien Erich Kahler (1956) souligne que la conversion de l'apôtre Paul, en transformant brusquement sa haine du christianisme en une haine pour la loi juive, a été justement une réaction brutale à l'égard de son moi précédent.

3. C'est, en effet, le cas des psychopathes. La santé apparente cache une rage destructrice intérieure, discernable seulement quand elle éclate d'une manière soudaine et inattendue. Mais l'on se gardera bien de caractériser de psychopathe une personne au pouvoir. Le psychiatre américain Hervey Cleckley décrit ce phénomène généralement caché à un observateur dans une étude qui porte le titre éloquent de *The Mask of Sanity* * (1964).

4. Learned Hand, président de la cour d'appel des États-Unis, dans son exposé des motifs justifiant l'acquittement de Judith Coplon que le gouvernement avait accusée de trahison pour ses idées politiques. (États-Unis, v. Coplon, 185 F 2d 629 [2 d Cir. 1950].)

5. Lorsque le moi officiel ne fonctionne plus, lorsque les

---

* *Le Masque de la santé.*

promesses qui garantissent l'identité se désintègrent sous la pression de commotions extrêmes (comme, par exemple, la peste noire du Moyen Age, décrite par Norman Cohn [1972], et, de nos jours, la menace universelle d'effondrement économique ou d'anéantissement nucléaire), alors seulement les gens se révoltent *contre* les formes qui leur ont été imposées par la force. Nous n'apprenons la vérité sur l'ensemble du processus que de la bouche de ceux qui occupent les tout derniers échelons de la hiérarchie du pouvoir, dans la mesure où ils sont moins conscients des contradictions de leur situation. Dans des interviews avec les membres de la garde nationale de Somoza, en prison, Marie Luise Kaltenegger (1982) enregistre les observations de ceux dont le moi n'a plus de centre. Un instructeur de l'ancien escadron de la mort (EEBI) décrit ainsi l'entraînement auquel les membres de la brigade étaient soumis : « Afin de lui enseigner l'obéissance aux ordres, on lui demande des choses humiliantes. De se tenir là, par exemple, et, sur un ordre, de bêler comme un mouton... Que toute la troupe lui donne des coups de pied au cul... Jusqu'à ce qu'il ait compris qu'il n'a pas le droit de poser de questions... » L'un de ceux qui ont été formés ainsi : « Je suis petit et maigre. Avant d'entrer dans la garde nationale, j'avais peur de tout et de chacun... (aujourd'hui) je n'ai plus peur, c'est ça qui est important... C'est ce que j'appelle un homme. » Un autre : « J'étais pieds nus... A l'armée on vous donne un uniforme, des bottes, à manger, un lit. J'aimais bien la vie militaire. La garde nationale était O.K. » L'observation comme quoi le peuple affirmait que la garde nationale n'était qu'un ramassis de corrompus et d'assassins suscita la réponse : « Le peuple est un tas de merde. Le peuple ment. Avant-hier, il était pour Somoza, aujourd'hui il est avec les sandinistes. Ce que le peuple dit ne compte pas. » Concernant le fait que les somozistes capturés n'avaient pas été exécutés : « ... Je ne comprends pas ça. Pourquoi (s'encombrent-ils) de milliers d'ennemis mortels? Je pense que les sandinistes n'ont rien appris... Ce ne sont que des civils. »

En d'autres mots, lorsqu'on se montre humain, on n'est qu'un pauvre idiot! L'homme interrogé réagit brutalement parce qu'il est confronté à sa propre humanité qu'il a rejetée.

BIBLIOGRAPHIE

ALEXANDER (F. Matthias) – *Man's Supreme Inheritance,* London, Chaterton, 1910.

– *The use of the self,* Manchester, Re-Education Pub, 1932.

ANTILL (J.K.) and CUNNINGHAM (J.D.) – « Self-Esteem as a Function of Masculinity in Both Sexes », *Journal of Consulting and Clinical Psychology,* 4, 1979.

ARENDT (Hannah) – *Eichmann in Jerusalem : A Report on the Banality of Evil,* New York, Viking Press, 1963.

ARONSON (E.) and ROSENBLOOM (S.) – « Space Perception in Early Infancy : Perception within a Common Auditory-Visual Space », *Science,* 172, 1971.

ASCHERSON (Neal) – « The " Bildung " of Barbie », *New York Review of Books,* 24 November 1983.

ASHTON-WARNER (Sylvia) – *Teacher,* New York, Simon & Schuster, 1963.

BALL (Hugo) – *Zur Kritik der deutschen Intelligenz,* Munich, Rogner & Bernhardt, 1970.

BAUMANN (Bommie) – *Terror or Love?,* New York, Grove Press, 1977.

BENEDETTI (Gaetano) – « The Irrational in the Psychotherapy of Psychosis », *Journal of American Academy of Psychoanalysis,* 1979.

– *Der Geisteskranke als Mitmensch,* Göttingen, Vandenhoeck & Ruprecht, 1976.

– « Possibilities and Limits of Individual Psychotherapy of Schizophrenic Patients », in *Psychosocial Intervention in Schizophrenia,* édité par H. Stierlin, L.C. Wynne.

– *Todeslandschaften der Seele,* Göttingen, Vandenhoeck & Ruprecht, 1983b.

BERNFELD (S.) – « On Psychoanalytic Training », *Psychoanalytic Quarterly,* 31, 1962.

BETTELHEIM (Bruno) – « Individual and Mass Behavior in Extreme Situations », in *Readings in Social Psychology,* édité par E. Maccoby, New York, Rinehart & Winston, 1958.

– *Le Cœur conscient,* Laffont, coll. « Réponses ».

BIRCH (H.G.) – non publié, cité par Schneirla (1956) – Conference, Department of Post-Graduate Psychology, New York University, 21 March 1950.

BLACKNEY (Raymond B.) – *Meister Eckhart : A Modern Translation,* New York, Harper & Row, 1941.

BLECHSCHMIDT (Erich) – *Wie beginnt das menschliche Leben,* Christiana Verlag, 1976.

BONE (Evelyne) – *Seven Years Solitary,* New York, Harcourt Brace, 1957.

BRUNER (Jerome), OLIVER (R.), GREENFIELD (P.) et al. – *Studies in Cognitive Growth,* New York, John Wiley & Sons, 1966.

BUTLER (Samuel) – *Ainsi va toute chair,* Gallimard, 1977.

BYCHOWSKI (Gustav) – Entretien avec l'auteur, 1966.

BYRD (Richard E.) – *Seul,* Grasset et Fasquelle, 1940.

CLARK (Kenneth B.) – *Empathy a Neglected Topic in Psychological Research,* American Psychologist, 35, 1980.

CLECKLEY (Hervey) – *The Mask of Sanity,* St Louis, C.V., Mosby, 1964.

COHN (Norman) – *Les Fanatiques de l'Apocalypse,* Payot, 1983.

CONDON (W.S.) and SANDER (L.W.) – « Neonate Movement is Synchronized with Adult Speech : Interactional

Participation and Language Acquisition », *Science,* 183, 1974.

– « Coping with Fraud », *Science,* 1982b.

DAVIS (R.C.) – « Differences in Response Patterns : Results and Problems », *Transactions of the New York Academy of Sciences,* 19, 1957.

DE CASPER (A.J.) and FIFER (W.P.) – « Of Human Bonding : Newborns Prefer Their Mothers " Voices " », *Science,* 208, 1980.

DENENBERG (V.) – « Critical Periods, Stimulus Input, and Emotional Reactivity : A Theory of Infantile Stimulation », *Psychological Review,* 71, 1964.

DES PRES (Terence) – *The Survivor : An Anatomy of Life in the Death Camps,* New York, Oxford University Press, 1976.

DEUTSCH (H.) – « Über einen Typus der Pseudoaffektivität (" Als ob ") », *Internationale Zeitschrift für Psychoanalyse,* 20, 1934.

– « Some Forms of Emotional Disturbance and Their Relationship to Schizophrenia », *Psychoanalytic Quarterly,* 11, 1942.

DINESEN (Isak) – *Out of Africa,* New York, Modern Library, 1952.

DJILAS (Milovan) – *Land Without Justice,* New York, Harcourt Brace, 1958.

– « Emergence of a Fraud », *Science,* 1980a.

ERDHEIM (M.) – « Nach aller Regel », *Kursbuch,* 63, 1981.

ERIKSON (Erik H.) – *Luther avant Luther : une étude psychanalytique et historique,* Flammarion, 1968.

– « Inner and Outer Space : Reflections on Womanhood », in *The Woman in America,* édité par Robert J. Lifton, Boston, Houghton Mifflin, 1964.

FALLOWS (James) – « The Great Defense Deception », *New York Review of Books,* 29 May 1981.

FARBER (Leslie) – *The Ways of the Will,* New York, Basic Books, 1966.

FELDENKRAIS (Moshe) – *Body and Mature Behavior,* New York, International Universities Press, 1973.
– *La Conscience du corps,* éd. Laffont, coll. « Réponses », 1974.
– *The Case of Nora,* New York, Harper & Row, 1977.
– *La Puissance du moi,* éd. Laffont, coll. « Réponses », 1990.
FEST (Joachim C.) – *Les Maîtres du IIIe Reich,* Grasset et Fasquelle, 1965.
FESTER (Richard), KÖNIG (Marie E.P.), JONAS (Doris F.) and JONAS (A. David) – *Weib und Macht : Fünf Millionen Jahre Urgeschichte der Frau,* Frankfurt, Fischer, 1979.
FLAVELL (John H.) – *The Developmental Psychology of Jean Piaget,* New York, Van Nostrand, 1963.
FRANKL (Viktor) – *Man's Search of Meaning : An Introduction to Logotherapy,* translated by Ilse Lasch, Boston, Beacon Press, 1968.
FREIRE (Paulo) – « Cultural Action for Freedom », *Harvard Educational Review* 40, 3, 1970.
– *Pédagogie des opprimés,* Maspero, 1974.
FREUD (Anna) – *Le Moi et les mécanismes de défense,* PUF, 1982.
FRISCH (Max) – *Journal 1966-1971,* Gallimard, 1976.
FROMM (Erich) – *Escape from Freedom,* New York, Holt, Rinehart & Winston, 1941.
FULLER (J.L.) – « Experimential Deprivation and Later Behavior », *Science,* 158, 1967.
GILMAN (Charlotte Perkins) – *La Chambre au papier peint,* Naaman, 1983.
GORER (Geoffrey) – « Man Has No " Killer " Instinct », *New York Times Magazine,* 26 November 1966.
GRUEN (Arno) – « Autonomy and Identification : The Paradox of Their Opposition », *International Journal of Psycho-Analysis,* 49, 1968.
– « The Œdipal Experience and the Development on the Self », *Psychoanalytic Review,* 56, 1969.
– « The Discontinuity on the Ontogeny of Self; Possibi-

lities for Integration of Destructiveness », *Psychoanalytic Review,* 61, 1974.

– « Autonomy and Compliance. The Fundamental Antithesis », *Journal of Humanistic Psychology,* 16, 1976.

– « On Abstraction. The Reduction and Destruction of Human Experience », *Journal of Humanistic Psychology,* 18, 1978.

– « Lernen und Lebenslust : Unvereinbar? », publié originellement comme « Lernen ohne Anstrengung », *Neue Züricher Zeitung,* 5-6 July 1980a.

– « Maternal Rejection and Children's Intensity », *Confinia Psychiatrica,* 23, 1980b.

GRUEN (Arno) and HERTZMAN (Max) – « Autonomy and Compliance », *Dynamische Psychiatrie,* 16, 1972.

GRUNEBAUM (H.U.), FREEDMAN, (S.J.) and GREENBLATT (M.) – « Sensory Deprivation and Personality », *American Journal of Psychiatry,* 116, 1960.

HALBERSTAM (David) – *Le Pouvoir est là,* Fayard, 1980.

HANLEY (William) – *Slow Dance on the Killing Ground,* New York, Random House, 1964.

HARRIS (David) – *Goliath,* New York, Avon, 1970.

– « Harvard Delays in Reporting Fraud », *Science,* 1982a.

HEBB (D.O.) – « The Motivating Effects of Exteroceptive Stimulation », *American Psychologist,* 13, 1958.

HENRY (Jules) – *Culture against Man,* New York, Random House, 1963.

– *Pathways to Madness,* New York, Random House, 1965.

HERON (W.), BEXTON (W.H.) and HEBB (D.O) – « Cognitive Effects of a Decreased Variation in the Sensory Environment », *American Psychologist,* 18, 1953.

HIRSCH (Muriel) – « To Sir, with Hate », *New Statesman,* London, 20 october 1972.

HÖSS (Rudolf) – *Commandant in Auschwitz,* Deutscher Taschenbuch Verlag, 1978.

HYGGE (S.) – « Emotional and Electrodermal Reactions

to the Suffering of Another », *Acta Universatis Upsaliensis,* 2, 1976.

JACOBY (Russell) – *Social Amnesia : A Critique of Conformist Psychology from Adler to Laing,* Boston, Beacon Press, 1975.

KAHLER (Erich) – *Man the Measure,* New York, George Braziller, 1956.

KALTENEGGER (Marie Luise) – « Als Soldat und brav », *Kursbuch,* 67, 1982.

KAVANAU (J.L.) – « Behavior of Captive White Feeted Mice », *Science,* 155, 1967.

KEMPINSKI (Antonio) – *Rytm Zycia,* Cracow, Wydawnictwo Literatckie, 1973.

KIERKEGAARD (Søren) – *La Maladie mortelle,* Orante, Œuvres complètes, 1966-1984.

– *L'Age présent,* Orante, Œuvres complètes, 1966-1984.

KOHUT (Heinz) – *The Restoration of the Self,* New York, International Universities Press, 1977.

KRUTCH (Joseph Wood) – *The Measure of Man. On Freedom, Human Values Survival, and Modern Temper,* 2d ed., New York, Bobbs-Merrill, Charter Books, 1962.

KÜKELHAUS (Hugo) – *Unmenschliche Architektur,* Cologne, Gaia, 1978.

KUO (Z.Y.) – « The Influence of Embryonic Movements upon the Behavior after Hatching », *Journal of Comparative Psychology,* 14, 1932a.

– « The Mechanical Factors in the Various Stages Leading to Hatching », *Journal of Experimental Zoology,* 62, 1932b.

– « Ontogeny of Embryonic Behavior in Aves : I The Chronology and General Nature of the Behavior of the Chick Embryo », *Journal of Experimental Zoology,* 61, 1932c.

– « The Reflex Concept in the Light of Embryonic Behavior in Birds », *Psychological Review,* 39, 1932d.

– « The Structure and Environmental Factors in Embryonic Behavior », *Journal of Comparative Psychology*, 13, 1932e.

– « Total Patterns, Local Reflexes, or Gradients of Response? », in *Proceedings of the Sixteenth International Congress of Zoology*, Washington, C.D., 4, 1963.

LAING (R.D.) – *Le Moi divisé*, London, Tavistock, 1959.

– *The Politics of Experience*, New York, Ballantine, 1968.

LASCH (Christopher) – *The Culture of Narcissism*, New York, W.W., Norton, 1979.

LATANÉ (B.) and DARLEY (J.) – « Bystander " Apathy " », *American Scientist*, 57, 1969.

LAWRENCE (D.H.) – *L'Arc-en-ciel*, éd. Gallimard, 1979.

– *Femmes amoureuses*, éd. Gallimard, 1970.

LEHRMAN (D.S.) – « A Critique of Konrad Lorenz's Theory of Instinctive Behavior », *Quarterly Review of Biology*, 28, 1953.

– « Interaction Between Internal and External Environments in the Regulation of the Reproductive Cycle of the Ring Dove », in *Sex and Behavior*, édité par F.A. Beach, New York, John Wiley and Sons, 1965.

LÉNINE (V.I.) – *Le Gauchisme, maladie infantile du communisme*, éd. Messidor, 1984.

LIEDLOFF (Jean) – *The Continuum Concepts. Allowing Human Nature to Work Successfully*, Rev. Ed. Reading, Mass, Addison Wesley, 1977.

LILLI (J.C.) – « Mental Effects of Reduction of Ordinary Levels of Physical Stimuli on Intact, Healthy Persons », *Psychiatric Research Reports*, 5, 1956.

MACCOBY (Michael) – *Le Joueur : le manager d'aujourd'hui*, Inter Editions, 1980.

McDOUGALL (William) – *An Introduction to Social Psychology*, Boston, J.W. Luce, 1926.

MAIER (N.R.F.) and SCHNEIRLA (T.C.) – « Mechanisms in Conditioning », *Psychology Review*, 49, 1942.

MANVELL (Roger) and FRAENKEL (Heinrich) – *The Incomparable Crime : Mass Extermination in the Twen-*

tieth Century : The Legacy of Guilt, London, Heinemann, 1967.

MARCUSE (Herbert) – *L'Homme unidimensionnel. Étude sur l'idéologie de la société industrielle,* éd. de Minuit, 1968.

MILGRAM (S.) – « Behavior Study of Obedience », *Journal of Abnormal and Social Psychology,* 67, 1963.

MILLER (Alice) – *Le Drame de l'enfant doué : à la recherche du vrai soi,* éd. PUF, 1986.

– *C'est pour ton bien : racines de la violence dans l'éducation de l'enfant,* éd. Aubier-Montaigne, 1984.

MILLER (Henry) – *Le Temps des assassins,* éd. U.G.E., 1984.

– *Printemps noir,* Gallimard, 1946.

MUHR (Caroline) – *Freundinnen,* Munich, Franz Schneekluth, 1974.

NASH (Henry T.) – « The Bureaucratization of Homicide », *The Bulletin of the Atomic Scientists,* 36, 1980.

NEWHOUSE (John) – « The Aircraft Industry – Part II », *New Yorker,* 21 June 1982.

O'NEILL (Eugene) – *More Stately Mansions,* New Haven, Yale University Press, 1964.

ORTEGA Y GASSET (José) – *The Dehumanization of Art and Other Writings on Art and Culture,* Garden City, N.Y., Doubleday, Anchor Books, 1956.

ORWELL (George) – « In Front of your Nose », in *The Collected Essays Journalism and Letters of George Orwell,* edited by Sonia Orwell and Ian Augus, London, Secker & Warburg, vol. IV, 1968.

PAGELS (Elaine) – *Les Évangiles secrets,* éd. Gallimard, 1982.

PAWELCZYNSKA (Anna) – *Values and Violence in Auschwitz : A Sociological Analysis,* translated by Catherine S. Leach Berkeley, University of California Press, 1979.

PAYNE (Robert) – *The Civil War in Spain,* New York, Premier Books, 1962.

PHILLIPS (D.P.) – « Motors Vehicle Fatalities Increase Just after Publicized Suicide Stories », *Science,* 196, 1977.

– « Airplane Accident Fatalities Increase Just after Newspaper Stories about Murder and Suicide », *Science,* 201, 1978.

– « President Elect », *Science,* Feb., 22, 1980.

RECK-MALLECZEWEN (Friedrich Percyval) – *Tagebuch eines Verzweifelten,* Frankfurt, Fischer, 1971.

RIBBLE (Margaretha A.) – *The Rights of Infants : Early Psychological Needs and Their Satisfaction,* New York, Columbia University Press, 1943.

RICKOVER (Hyman G.) – « Advice from Admiral Rickover », *New York Review of Books,* 18 March 1982.

RIMBAUD (Arthur) – *Illuminations,* éd. Gallimard, 1973.

ROBINSON (James), MCCONKEY – *The Nag Hammadi Library,* New York, Harper & Row, 1977.

ROFFWARG (H.P.), MUZIO (J.N.) and DEMENT (W.C.) – « Ontogenic Development of the Human Sleep-Dream Cycle », *Science,* 152, 1966.

ROSENBLATT (J.S.) – « The Basis of Early Responses to the Mother, Siblings and the Home and Nest in the Altrical Young of Selected Species of Subprimate Mammals », *Report,* Institute of Animal Behavior, Rutgers University, 1978.

SAMPSON (Ronald V.) – *The Psychology of Power,* New York, Pantheon, 1966.

SCHMIDT (Matthias) – *Albert Speer. Die Ende eines Mythos,* éd. Scherz.

SCHNEIRLA (T.C.) – « Levels in the Psychological Capacities of Animals », in *Philosophy for the Future,* edited by R.W. Sellars, V.J. McGill and M. Farber, New York, MacMillan, 1949.

– « Interrelations of the " Innate " and the " Acquired " in Instinctive Behavior », in *L'Instinct dans le comportement des animaux et de l'homme,* édité par P. Brassé, Paris, Masson, 1956.

– « An Evolutionary and Developmental Theory of Biphasic Processes Underlying Approach and Withdrawal », in *Nebraska Symposium on Motivation,* édité par M.R. Jones, Lincoln, Neb, University of Nebraska Press, 1959.

– « Aspects of Stimulation and Organization in Approach/ Withdrawal Processes Underlying Vertebrate Behavorial Development », in *Advances in the Study of Behavior,* édité par D.S. Lehrman, R. Hinde and E. Shaw, New York, Academic Press, 1965.

SCHOLL (Ilse) – *Die Weisse Rose,* Frankfurt, Fischer, 1977.

SCHULS (Klaus-Peter) – *Kurt Tucholsky,* Reinbeck, Rowohlt, 1959.

SCOTT (J.P.) – « Critical Periods in the Development of Social Behavior in Puppies », *Psychosomatic Medicine,* 20, 1958.

SHAHEEN (E.), ALEXANDER (D.), TRUSKOWSKY (M.) and BARBERO (J.) – « Failure to Thrive. A Retrospective Profile », *Clinical Pediatry,* 7, 1968.

SHRALA (Martti) – *Die Schizophrenie des Einzelnen und der Allgemeinheit,* Göttingen, Vandenhoeck & Ruprecht, 1961.

SILVERBERG (W.V.) – « The Schizoïd Manœuvre », *Psychiatry,* 10, 1947.

SKINNER (B.F.) – *Par-delà la liberté et la dignité,* éd. Hurtebise, 1977.

SKLAR (L.S.) and ANISMAN (H.) – « Stress and Coping Factors Influence Tumor Growth », *Science,* 205, 1979.

SOLJENITSYNE (Alexandre) – Discours lors de la remise du prix Nobel, fondation Nobel, 1972.

– *L'Archipel du Goulag* 1918-1956, éd. du Seuil, 1974.

SPEER (Albert) – *Erinnerungen,* éd. Propyläen.

SPITZ (R.) and WOLF (K.M.) – « The Smiling Response. A Contribution to the Ontogenesis of Social Relations », *Genetic Psychology Monographs,* 34, 1946.

STÄRKE (A.) – « The Castration Complex », *International Journal of Psychoanalysis,* 2, 1921.

STILLMAN (Edmund O.) – « Civilian Sanctuary and

Target Avoidance Policy in Thermonuclear War », *Annals of the American Academy of Political and Social Science,* 392, 1970.

SULLIVAN (J.W.N.) – *Beethoven,* New York, Vintage, 1960.

SZENT-GYÖRGYI (A.) – « Teaching and the Expanding Knowledge », *Science,* 146, 1964.

TCHEKHOV (Anton) – *Letters of Anton Chekhov,* selected and edited by Avrahm Yarmolinsky, translated by Bernard Guilbert Guerny, Lynn Solotaroff and Avrahm Yarmolinsky, New York, Viking Press, 1973.

TINBERGEN (N.) – « Ethology and Stress Disease », *Science,* 146, 1964.

TRAVEN (B.) – *The Death Ship. The Story of an American Sailor,* New York, L. Hill, 1973.

TUCHMAN (Barbara) – *Stilwell and the American Experience in China,* New York, MacMillan, 1971.

TURNBULL (Colin M.) – *Un peuple de fauves,* Stock, 1973.

VAILLANT (G.E.) – « Natural History of Male Psychological Health. VI : Correlates of Successful Marriage and Fatherhood », *American Journal of Psychiatry,* 135, 1978.

VISINTAINER (M.A.), VOLPICELLI (J.R.) and SELIGMAN (M.E.P.) – « Tumor Rejection in Rats after Inescapable or Escapable Shock », *Science,* 216, 1982.

VON HOLST (E.) and MITTELSTAEDT (H.) – « Das Reafferenzprinzip : Wechselwirkung zwischen Zentralnervensystem und Peripherie », *Naturwissenschaft,* 37, 1950.

VUORENKOSKI (V.), WASZ-HÖCKERT (O.), KOIVISTO (E.) and LIND (J.) – « The Effects of Cry Stimulus on the Temperature of the Lactating Breast of Primipara », *Experientia* 25, 1969.

WALD (George) – « America's My Home : Not My Business, My Home », *Bulletin of the Atomic Scientists,* 35, 1969.

WASSERMAN (Jakob) – *Christian Wahnschaffe,* Plon, 1955.

WHITE (Theodor H.) – *Forfaiture à la Maison-Blanche,* éd. Fayard, 1976.

WHITEHEAD (Alfred North) – *Science and the Modern World,* New York, MacMillan, 1925.

WIEDER (S.) – *The Texture of Early Maternal Experience : Maternal Control and Affect in Relation to the Second Year of Life,* City University of New York, New York University Microfilms, 1972.

WILSON (Colin) – *The Outsider,* New York, Houghton Mifflin, 1956.

WILSON (Edmund) – *The Wound and the Bow,* New York, Oxford University Press, 1965.

ZWEIG (Stefan) – *Le Joueur d'échecs,* éd. Stock, 1981.

INDEX

TABLE DES MATIÈRES

CET OUVRAGE A ÉTÉ COMPOSÉ
ET ACHEVÉ D'IMPRIMER SUR ROTO-PAGE
PAR L'IMPRIMERIE FLOCH À MAYENNE
EN AOÛT 1991

N° d'édition : 33448. N° d'impression : 30723.
Dépôt légal : septembre 1991.
Imprimé en France